베스트에세이 **10**
수상작가 작품집

월간 좋은수필 제정 2024 제❻회

베스트에세이 10
수상작가 작품집

좋은수필사 · 수필과비평사

| 차례 |

2024 베스트에세이 10選

- 09 **심선경** | 포장마차를 타다 외 2편
- 30 **강순지** | 첫눈의 기억 외 2편
- 50 **김주선** | 갈필, 못다 쓴 편지 외 2편
- 71 **박보라** | 보그 78페이지 외 1편
- 83 **안희옥** | 그 골목의 필경사들 외 2편
- 104 **이제우** | 환상 호흡 외 2편
- 122 **장미숙** | 현장 외 2편
- 143 **정아경** | post, 결혼! 외 2편
- 161 **진해자** | 숨어 우는 야고 외 2편
- 182 **최운숙** | 다림줄 외 2편

심사평

- 201 **심사평**

2024 베스트에세이 10選

심선경 | 포장마차를 타다 외 2편

강순지 | 첫눈의 기억 외 2편

김주선 | 갈필, 못다 쓴 편지 외 2편

박보라 | 보그 78페이지 외 1편

안희옥 | 그 골목의 필경사들 외 2편

이제우 | 환상 호흡 외 2편

장미숙 | 현장 외 2편

정아경 | post, 결혼! 외 2편

진해자 | 숨어 우는 야고 외 2편

최운숙 | 다림줄 외 2편

2024년 제6회
| 베스트에세이 10選 최우수상 수상작 |

포장마차를 타다 외 2편

심 선 경
sksim64@naver.com

 분명 이름은 마차인데 포장마차엔 말馬이 없다. 그래서 이 마차는 당신이 원하는 곳까지 달려가지 못한다. 다리가 잘려버린 말 대신, 의족처럼 둥그런 바퀴를 끼워 놓았지만, 그마저도 수술이 잘못되었는지 제대로 굴러가지 않는다. 지붕을 덮은 방수 천막은 네 귀를 잡아당겨 못질을 단단히 하고, 아예 멀리 도망가지 못하게 무거운 약수통으로 눌러 꼬리를 바닥에 들러붙게 했다.
 수시로 포장을 열고 닫으며, 마차에 오르거나 내리는

사람들을 마부는 친절히 맞이하고 또 배웅한다. 가끔은 "나 여소," 하며 포장을 걷어올려 승객의 접근성이 용이하도록 마차로 유인할 때도 있다.

강철같이 두텁고 육중한 세상의 벽에 여러 번 부딪쳐 본 이들은 안다. 세상은 그 어느 것 하나 호락호락한 것이 없다는 것을. 그리고 그 벽이 가르는 세상의 이쪽과 저쪽은 극명하게 구분되어 있다는 것을. 마차에 오르는 사람들은 자신이 마주한 벽의 바깥과 안쪽의 삶이 항상 치열한 전쟁터처럼 살벌하다고 느끼는 걸까. 벽의 바깥에 있는 사람들은 안쪽으로 들어가려 죽을힘을 쓰고, 벽의 안쪽에 있는 사람들은 밀려나지 않으려고 바깥사람들을 의식적으로 배척한다. 처절한 생존 여건은 극도로 열악해지고 제한된 식량과 자원을 지키기 위해 벽 내부의 사람들은 대규모의 장벽을 설치해 밀려드는 상대를 막는다. 지금은 벽의 안쪽에 있지만, 항시 그 벽의 바깥으로 추방될 위험성을 안고 있는 셈이다.

어엿한 지붕이 있는 식당에 들어가면 한결 더 푸근할 텐데, 왜 사람들은 한겨울에도 바람 숭숭 들어오는 포장마차의 장막을 들추고 그곳으로 들어가는 것일까. 일부러 찾아갈 때는 잘 보이지 않는데, 아무 생각 없이 지나가다 구수한 어묵 냄새에 훅 끌려 들어가곤 하는 곳이 포장마차라서 지갑에 천 원짜리 몇 장은 넣어둬야 안심이 되지 않던가.

이미 전작이 있어 거나하게 취한 승객들이 포장마차에 오르면 마차의 속도를 까맣게 잊는다. 촉수 낮은 알전구가 방금 승차한 손님의 그림자를 길게 늘이지만, 마부는 그 손님의 목적지가 어딘지 전혀 궁금해하지 않는다. 마차 안에 놓인 간이의자엔 삼삼오오 자리를 잡은 노동자들이 빈 소주병을 바퀴 대신 굴리며 시간의 레일 위를 마음껏 질주한다. 그들이 탄 마차는 물리적 거리를 이동하기는 힘들지만, 정서적 거리는 어디로든, 얼마든지 이동이 가능하다.

불이 켜진 포차 거리는 그 규모가 어마어마해서 마치 색다른 신세계를 보는 듯하다. 지하철역 인근 포장마차 거리는 오히려 비 오는 날에 불야성을 이룬다. 하지만 그 옛날 서민이 다녔던 포장마차의 감성을 기대하지 마라.

메뉴판에 적힌 소주 한 병 가격은 6천 원이고, 동태탕이 2만 원, 돼지고기 두루치기가 2만 8천 원인걸 보니 일반 술집과 버금가는 안주 값은 얄팍한 주머니를 탈탈 털게 해 줄지에 우리를 거지 신세로 전락시킬 수도 있겠다. 그러나 포장마차의 어떤 힘이 나를, 그리고 너를, 우리를 그 불빛 아래로 소환하는 것인지 알다가도 모를 일이다.

잿빛 도시, 시멘트로 빚은 우리의 자화상은 세상의 육중한 벽 앞에 거칠고 앙상한 육신으로 그려지지만, 제각각 눈높이가 다르듯 저마다 짊어진 삶의 무게가 달라, 그런 다름을 인정하는 것이 바로 인간다움의 길이라면 기꺼이 수용할 마음가짐이 되어 있다. 지금은 다들 고개를 떨구고 잔뜩 웅크려있지만, 조금은 더 나은 미래를 향해 함께 나아가야 하는 삶이기에 실낱같은 희망일지라도 쉽게 포기할 수는 없지 않는가.

퇴근길엔 만차가 되어 미처 올라타지 못한 승객들은 마차 앞 등받이 없는 플라스틱 의자에 죽치고 앉아, 먼저 탄 누군가가 빨리 하차하기만을 기다린다. 신기하게도 이 격식 없는 둥근 플라스틱 의자에 앉으면 누구랄

것도 없이 평등해진다. 그래서 포장마차에 올라타면 다른 곳에서보다 이야기가 술술 잘 풀리는 건가.

　언제부턴가 나도 이 마차에 올라타고부터는 그 잘나가던 속도감을 잃고 말았다. 맑은 소주잔을 앞에 놓고, 늙은 도마 위에서 난도질당하는 낙지 한 마리의 맹렬한 꿈틀거림을 하릴없이 지켜보고 있다. 서울 출신 친구는 처음에 '낙지탕탕이'만은 죽어도 못 먹겠다더니 어쩌다가 그 맛을 한번 본 뒤로는 마차를 타자마자 그것부터 주문하는 대담성을 보였다. 우리는 채찍 대신 칼을 든 마부에게, 큼직하게 썬 야채 몇 조각과 막장을 조금 달라고 부탁한다. 그리고 습관처럼 뼈 없는 닭발을 한 접시 더 주문한다. 오지랖 넓은 이 친구는 요즘 세상 돌아가는 꼴이 말이 아니라며 가슴 아파한다. 그의 얘기를 듣고 있으면 눈물 콧물 다 짜내고도 모자라 어떤 때는 잃어버린 내 배꼽을 찾느라 마차 바닥을 샅샅이 수색해야만 했다.

　일면식조차 없는 사람들인데 이 포장마차에 승차한 사람들은 낯설지 않다. 그냥 아무 말이라도 이쪽에서 던지면 저쪽에서는 익숙하게 농으로 되받아친다.

　전쟁 같았던 하루 일과를 보내고, 쓰린 속에 소주나 막걸리를 냅다 들이부으며 또다시 살아내야 할 내일을 위해 모인 서민들에게 이곳은 희로애락의 공간이 된다. 하지만 술을 마시면 마실수록 평생 낙원에 도착할 가망 없는 인생이라는 것을 미리 알아챈 취객들은 아무리 마차를 타고 달려봐야 자신이 개척할 땅이 없음을 알고 밤새 제 몸뚱아리에 가혹한 채찍질을 해댄다.

　특별히 잘못한 것도 없는데, 어느 날 회사 측으로부터 휴대폰 문자로 해고 통보를 받았다는 어느 가장이 옆자리에 앉았다. 쓰디쓴 그의 인생을 맛보는 듯 소주잔에 술을 가득 따라 마신다. 그가 노가리를 질겅질겅 씹을 때, 아담이 선악과를 먹다가 목에 걸려서 튀어나왔다는 목젖이 심하게 꿀렁거림을 보았다. 마음을 비우는 것보다 소주잔을 비우는 것이 훨씬 더 빠르고 쉽다는 것을 깨달을 즈음 그는 큰 소리로 외쳤다.

　"여기 소주 한 병이랑 오징어무침 추가요."

　발밑에 패잔병처럼 짓이겨지는 담배꽁초들이 단칸방

에 한데 모여 사는 가족들처럼 서로 얽히고설킨다.

  이윽고 마차가 새벽이라는 종착역에 닿으면, 모여들었던 일개미와 일벌들이 이슬에 젖은 몸을 털고 일어나 다시 지하의 세계로 끌려 내려간다.

경찰서 앞 횡단보도

경찰서 앞 횡단보도 도색은 늘 새것처럼 선명하다. 횡단보도 신호등은 초록색이고 내 차는 좌회전 신호를 기다리며 정지선 앞에 서 있다. 다른 사람들은 벌써 다 건너갔는데, 검정 비닐봉지를 든 할머니가, 애 터지게 느린 걸음으로 도로를 횡단하고 있다. 할머니의 보폭으로는 분명 걷는 것일 텐데, 내 눈에는 그냥 서 있는 것과 다를 바 없는 속도다.

언뜻 보아도 구순이 훌쩍 넘어 보이는 할머니는 남루

한 차림에 허리가 몹시도 굽었다. 다리를 절룩거리며 걷는다. 세상이 정해 놓은 법 같은 것은 이미 초탈超脫하였다는 듯 무법자가 따로 없다. 첨단의 시계로 측정하거나 보편적인 상식의 잣대로 가늠할 수 없는 영역에 할머니는 존재하는 것일까. 저 횡단보도가 할머니에겐 흑색과 백색을 교대로 그려 넣은 계단같이, 높낮이가 있는 것처럼 보일 수도 있겠다. 한 걸음 뗄 때마다 높은 턱에 덜커덕덜커덕 발이 걸리는 듯하다. 아무리 노력해도 횡단보도를 제 시간대에 못 건널 것을 알고 일찌감치 포기해버렸는지 모른다. 오래 쓴 몸이 말을 듣지 않아 느릿느릿 걸을 수밖에 없는데, 경고음을 울리며 어르신에게 빨리 건너가시라고 재촉하는 것은 너무 야박하고 무례한 처사가 아닌가.

횡단보도의 흑백 교차 무늬를 보니, 얼마 전 어린이대공원 동물원에서 탈출해 서울 도심을 발칵 뒤집어 놓은 얼룩말 '세로'가 떠오른다. '세로'는 동물원 울타리를 부수고 나와 도로를 질주하고, 서울 도심 곳곳을 활보하다 마취총 7발을 맞고 생포됐다. 두 살배기 세로는 최근 부모를 여의며 갑작스러운 환경변화로 외로움을 많이 탔다고 한다. 사육사는 '세로'가 의도적으로 탈출을 모의한 것이 아니라, 어떤 소리에 놀라 우발적으로 울타리를 벗어나게 된 것 같다고 말했다.

광활한 사바나에서 집단을 이뤄 살아가며, 사회성이 고도로 발달한 동물인 얼룩말이 좁은 우리에 갇혀 산다는 것은 쉽지 않은 일. 그렇다고 이제껏 먹이를 주며 사육한 동물들을 야생 적응 훈련이나 준비기간도 없이 무작정 자연으로 돌려보내는 것은 위험천만한 일이다. 그들은 얼마 가지 않아 생태계의 상위포식자에게 잡아먹히거나, 새로운 환경에 적응하지 못해 스스로 죽음을 맞이하게 될 것이다.

지금 당장 동물원을 없애고 전시된 동물들에게 돌아갈 자연을 온전히 돌려주기는 어렵겠지만, 이제부터라도 서서히 동물원은 멸종위기종의 보전과 야생으로 돌아갈 수 없는 동물들을 보호하고 재활을 돕는 시설로 바꿔 나아가야 하지 않을까. 아무리 말 못하는 짐승들일지라도 인간이 그들을 가두어놓고 학대할 권리는 없다.

횡단보도가 마치 얼룩말 가죽을 길게 늘어놓은 것처럼 보인다. 할머니는 한 발 한 발을 조심스럽게 내디뎌 얼룩말이 벗어놓은 가죽을 밟고 간다. 얼룩말 무늬를 닮은 횡단보도를 건너며 아픈 다리를 잊고, 아프리카 대자연의 푸른 초원에 사는 얼룩말처럼 맘껏 달려보고 싶지 않았을까. 하지만 풀어놓고 싶은 비밀도, 삼켜버리고 싶은 과거도 할머니의 꽉 다문 입속에 엄폐되어 도무지 알 길이 없다. 다만 그녀가 살아온 삶에도 애환과 고통은 많았을 터, 그 이상의 무게를 짊어지고 살아온 듯 축 처진 할머니의 어깨가 금방이라도 땅바닥으로 내려앉을 것만 같다. 착시일까. 횡단보도가 얼룩말의 무늬처럼 조금씩 일렁인다. 일렁이는 얼룩말 무늬에 겹쳐지는 그녀의 깊은 주름을 펼쳐놓으면, 지난한 한 생애가 마구 쏟아져 나올 듯하다.

할머니가 횡단보도를 절반도 못 건넜는데, 맞은편 신호등의 초록 막대가 계속 떨어지더니 결국 빨간불로 바뀌었다. 신호가 바뀌자, 몇 초 전에 할머니가 발걸음을 옮겼던 쪽으로 차 한 대가 '쌩'하고 지나갔다. 머리끝이 쭈뼛 선다. 아직 횡단보도에 서 있는 할머니를 지켜보는 내 마음이 조마조마하고 속이 타들어 간다. 고작 길을 건너는 사소한 일상에 매번 목숨을 걸어야 하는 사람도 있다.

그때, 횡단보도에 기적이 일어났다. 어디선가 날아온 슈퍼맨이 재빨리 할머니를 둘러업었다. 헬멧을 쓴 히어로는 신속한 동작으로 위험한 횡단보도에 갇힌 할머니를 구출해 냈다. 신호등이 바뀐 지 한참 되었지만, 아직도 정지선에 그대로 멈춰 서 있던 운전자와 도로변을 걷던 사람들이 숨죽여 그 광경을 지켜보고 있었다. 배달기사의 도움으로 횡단보도를 무사히 건넌 할머니가 안전한 곳에 착지하자, 모두가 안도의 숨을 내쉬며 우리 시대의 영웅에게 함박꽃 같은 미소와 박수를 보낸다. 그는 헬멧을 고쳐 쓰고 잠시 도로에 세워 두었던 배달 오토바이를 타고 저 멀리 황급히 사라졌다. 할머니는 횡단보도를 건너와서도 바로 걷지 못하고 허리를 애써 세우며 잠시 숨을 골랐다. 아직도 할머니는 무엇이 들었는지 모를 검정 비닐봉지를 한 손에 꼭 쥐고 있었다. 노인은 '나이

든 사람'이 아니라 '살아남은 사람'이라고 누가 말했던가. 이 복잡하고 고된 세상에서 70년, 80년, 90년을 넘게 살아남은 노인들이 우러러 보이기까지 한다.

경찰서 앞 횡단보도를, 오늘은 내가 보행자가 되어 신호를 기다린다. 그 할머니는 최종목적지에 무사히 당도하셨을까. 유모차 보행기를 밀고 나온 다른 할머니 옆에 서서 보폭을 맞춰 길을 함께 건넌다. 조금 늦더라도 이번엔 내가 할머니를 무사히 길 건너편까지 모셔다드려야겠다는 생각이다. 아직 갈 길이 남았는데, 이윽고 신호등의 녹색 신호가 두세 개만 남았다. 맘이 바빠지고 불안해진다. 나도 모르게 발걸음이 빨라져 결국엔 유모차 보행기를 내가 밀며 할머니를 재촉하고 있다.

문득 횡단보도의 도색이 어릴 적 교실 앞 한쪽에 묵직하게 자리를 지키고 앉아있던 풍금의 건반 같아 보인다. 풍금은 발로 페달을 밟아 바람을 불어넣어 연주한다고 풍금風琴이라는 이름이 붙었다고 한다. 학교에서 풍금 소리가 멈춘 지가 오래되어 지금은 아득하게 느껴지지만, 풍금 소리는 수십 년의 세월을 거슬러 올라가 내

유년의 기억과 맞닿아 있다.

국민학교*때 교실 청소를 마치면 풍금 뚜껑을 열고 아무 건반이나 신나게 누르며 장난을 치다가 선생님께 들켜 된통 혼나기도 했다. 하지만 건반에서 나는 소리가 너무 신기해서 자꾸만 손가락이 갔다. 풍금은 피아노보다 맑고 깨끗한 음색은 아니었지만, 따뜻하고 포근한 울림은 행복감을 느끼기에 부족함이 없었다. 사람들이 횡단보도를 밟고 지나가면 '과수원길', '반달', '엄마야 누나야,' 같은 동요가 사방에 울려 퍼질 것만 같다.

슈퍼맨의 등에 업히기 전, 횡단보도를 밟은 할머니의 고단한 발이 연주했던 풍금은 아무리 귀를 기울여도 경쾌한 소리가 나지 않았었다. 불편한 발로는 바람을 제대로 불어넣을 수 없어서였을까. 내 귓가엔 풍금의 웅숭깊은 소리 대신, 뭔가 삐걱대는 소리만 더 크게 들려오는 것 같았다. 할머니가 겪어 온 세월만큼, 그토록 오랜 시간을 웅크리고 있던 한 세기말의 슬픔은 언제쯤에나 제대로 조율되어 울림이 크고 둥근 풍금소리가 날까.

* 지금의 '초등학교'

살아있는 집

　비 온 뒤 개망초가 마당을 죄다 점령했다. 오래 전부터 깨져 있은 듯한 유리창은 세월의 먼지 옷을 입어 이제 더는 투명하지 않다. 모서리가 뜯겨 나가고 한쪽 다리가 내려앉은 거무튀튀한 평상 위로 눈 찌푸린 햇살 한 조각이 깜빡 졸다 미끄러진다. 장독대 위엔 빈 옹기 몇 개 엎어져 나뒹굴고, 죽은 감나무 마른 가지 사이로 거미들이 촘촘한 그물을 쳐놓았다. 쩍쩍 금이 간 작은방 황토벽 위로 담쟁이덩굴이 가늘고 긴 팔을 뻗어 나갔는데, 문짝이 떨어져 나간 안방까지 가 닿으려면 또 하세월 지나야겠다.

　부드러운 바람의 숨이 드나들었을 들창문은 이제 문살만 앙상하게 남아있다. 한낮에도 어두운 부엌은 이 집의 내력을 알고도 함구하려는 듯 모르쇠로 일관한다. 툇마루는 오래된 관절이 삐걱거리듯 한 발 내디딜 때마다 기이한 소리를 내고 먼지 땟국물이 끼어 쇠락한 기운으로나마 끈적하게 발목을 잡는다. 햇빛이 들지 않는 곳엔 퀴퀴한 곰팡이 냄새가 코끝으로 훅 풍겨온다.

　마치 공포영화 촬영지처럼 누군가가 일부러 만들어놓은 세트장 같다. 최대한 궁핍하게 보이려고 낡은 가구들과 너절한 옷가지들을 작위적으로 늘어놓은 것은 아닐까. 이런 곳에 사람이 살았다니, 아무리 집을 잘 고치는 사람이 와도 이 집은 회복 불능으로 판정하지 않을까 싶다.

　이 집 주인은 무엇이 그리 급해서 가재도구며 가방이며 구두까지 다 버려두고 여길 떠났을까. 다시 돌아올 생각이 조금이라도 있긴 했을까. 살림은 그대로 있고 사람만 증발해 버린 듯한 이 집은 시간이 부풀 때마다 형체가 조금씩 허물어져 가는 듯하다.

동네에는 폐가가 여럿 보인다. 퇴직하면 꼭 한 번이라도 전원생활을 해보고 싶어서 시골 빈집을 구하러 여러 군데 발품을 팔았었다. 마당까지 차량 진입도 가능하고 집 방향도 남동향으로 좋은 편이라 찾아왔건만, 아래채는 당장 철거해야 할 것 같고 본채는 어디부터 손을 대야 할지 막막하다. 서서히 조금씩 허물어지는 이 집은 허기에 지친 야생고양이들이 배회하다 굽은 등으로 누워 잠들기 좋은 은신처다.

석면 슬레이트 지붕 아래, 서까래든 문창살이든 사람의 온기가 떠난 집의 모든 것들은 서서히 흙으로 돌아가기 위해 몸을 푼다. 빈집에 붙은 골격들은 그 오랜 시간 동안 간신히 몸을 지탱하고 있다가 한꺼번에, 일시에 폭삭 주저앉으려는지 언젠가는 도달할 붕괴의 순간을 고대하고 있는 것 같다.

굳이 문 열고 들여다보지 않아도 저 속의 삶을 속속들이 알 것만 같은 집. 먼저 살던 주인도 희망이 없어 버리고 간 집에 새 주인이 될지도 모를 내가 들어와 그 이력을 더듬어본다. 누군가의 할아버지의 할아버지가 살 때부터 터진 벽을 바르고 마당에 모기를 쫓으려 말린 쑥대를 가져다 태웠을 이곳, 한때는 초록의 꿈이 성성했었을 이 집이 이제는 여기 살던 사람들의 기억 저편으로 물러서 있다.

이미 묵은 것들, 속절없이 흘러간 시간은 어떤 이에겐 꽃이 되었다가 바람이 되기도 하고 상처의 흔적으로 이 집에 들러붙기도 하였으리라. 이 집에서 살다 간 사람들이 오후의 적요 속에서 툇마루에 단잠을 청하면, 세속의 모든 욕망도 덧없이 사그라들며 고요히 정화되지 않았을까. 고즈넉한 풍경을 안고 기다리는 사람도 없이 홀로 늙어가는 저 외딴집은 이제 더이상 외롭지 않다. 날 저무는 이 낡은 집 마당에 소란스럽지 않게 피고 지는 작은 꽃들의 그윽한 향내를 맡으며 삼라만상의 소멸과 생성을 깨닫는다. 허물어져 가는 담장과 삭아져 가는 기와지붕 틈 사이에서도 어김없이 새 생명이 움트는 기적을 나는 이곳에서 가만히 지켜 보고 있다.

늘 새롭고 좋은 집들만 들여다보던 내가 안목이 조금 넓어진 걸까. 요즘은 낡고 오래된 것들에게 더 애착이 간다. 화려한 것들에 대한 거부감이라기보다는 사라져 가는 것들에 대한 연민의 정이 남아서라는 게 옳을 것이다. 재개발이라는 미명 아래 우리에게 친숙하고 소중한 것들이 하나둘 사라져 간다. 어쩌면 우리는 탄생과 멸절, 새것과 낡은 것의 경계에 서 있는 것인지도 모른다. 시간의 출발점은 어디부터였을까. 과거는 〈이미 없는 것〉이며 미래는 〈아직 없는 것〉이다. 〈이미 없는 것〉과 〈아직 없는 것〉의 접점에 현재는 일종의 통과점으로서 존재하는 것인가. 시간 속을 동시에 걸어가는 그것들이 어찌 우월과 열등으로 따져지며 심지어 선악과 미추로 구분될까. 한때는 그 모두가 최선이었다.

  재개발 구역에 들어 이름있는 아파트가 들어선다는 아랫마을에도 으리으리한 저택부터 고만고만한 주택들이 많았는데 시공사에서 보상이 끝났는지 사람들이 하나둘 마을을 떠나기 시작했다. 몇 달 전만 해도 주민들이 목욕 바구니를 들고 오래된 공중목욕탕에 드나들었고 마을 입구 평상에 할머니 여럿이 나와 앉아 세상 사는 이야기들로 왁자지껄했었다.

　얼마 전, 대문에 빨간 페인트로 숫자가 표시된 집부터 용역업체 사람들이 철거를 시작했다. 마당의 석류나무, 목련나무는 미리 다 파내어 옮겨갔고 문짝 뜯어내고 세간 들어내니 멀쩡했던 집들도 살갗 다 뜯기고 뼈대만 남은 야생동물의 몰골처럼 초라하기 짝이 없다. 집에도 생이란 게 있다면 맨 처음 주춧돌을 놓았을 때를 탄생이라 하고, 철거대상 낙인이 찍혀 지붕이며 기둥까지 불도저로 밀어버려 처참하게 무너지는 시점을 죽음으로 보아야 할까. 집의 죽음을 사람의 장례식처럼 경건하고 숙연하게 바라보는데 인적이 끊긴 폐가는 이제 인간의 반경에서 벗어나 버렸다. 추녀 밑 빗물이 만든 둥근 발자국들과 바람이 불어와 잠시 앉았던 자리는 이미 이승의 영역이 아니다. 폐가에 방치된 것들은 삶의 덧없음을 민낯으로 보여준다. 폐가가 무너지면 집터만 남을 것이다. 어쩌면 집터마저 잡초에 묻혀 사라질 것이다.

　깊어진 생각만큼 가슴에 품을 것이 더 많아진 이곳.

나는 종일 안팎이 허물어지지만 여전히 작은 생명들이 숨을 쉬고 바삐 움직이는 폐가에서 아직 오지 않은 것들을 기다리고 서 있다.

심선경
《수필과비평》 등단
수필집 《갈마도서관에 두고 온 것들》 《내안의 빈집》 《강변여관》 등

2024년 제6회
| 베스트에세이 10選 |

첫눈의 기억 외 2편

강 순 지
ifmother@naver.com

 북풍이 동백나무 가지를 세차게 훑고 지나갔다. 붉은 꽃이 툭툭 떨어져 시멘트 바닥 위에 나뒹굴었다. 밤사이 내리는 눈이 명주 수의처럼 꽃 위를 하얗게 덮었다. '시절인연時節因緣', 모든 만남과 이별에는 때가 있다고 한다. 꽃은 바람을 만나 세상과 이별하고 눈의 품에서 다시 다음 생을 준비하는 것일까.

 몇 달 전, 아버지의 임종 소식을 문자로 받았다. '아버지 돌아가셨대.' 자다 깨서 언니의 문자를 몇 번이나 반복해서 읽었다. 모르는 글자도 아닌데 말이다. 구로동 어느 병원 장례식장에서 입관을 기다리는 아버지를 만났다. 명주 수의를 입고 반듯이 누워 아무 말이 없다. 몰라볼 정도로 살이 빠진 모습이다. 시월인데 아버지의 몸은 벌써 한 겨울이다. 뼛속까지 냉기가 들어 붉은 피가 돌았던 몸이라는 게 믿기지 않는다. 아버지에게 마지막 인사를 하는 동안 목이 메었다.

 죽음 앞에 아버지를 미워하고 원망했던 기억들이 먼지처럼 흩어진다. 가슴에 품었던 매서운 감정들이 무기력해진다. 아버지와의 만남은 늘 첫눈 같았다. 펄펄 날리다 이내 녹아 사라지는 첫눈, 언제 올까 오래 기다린 것에 비하면 아버지는 며칠 만에 떠나곤 했다. 기다림과 만남과 헤어짐, 그 순간들이 긴 이별을 위한 연습이었나 싶다.

 유족 명단에 아버지의 일곱 명의 자식과 손자의 이름이 촘촘히 적혀있다. 그동안 부끄럽다고 숨기고 살았던 관계를 낯선 장례식장 입구에 여실히 드러내놓고 있다. 이복동생들과 어색한 해후를 한다. 손위 형제들이라고 그들은 한걸음 뒤로 물러선다. 마음을 써주는 게 고맙다. 아버지 가시는 길에 다투지 말자고 단단히 마음먹고 간 걸음이다. 아버지를 편안히 보내드리고 싶은 마음이 하나였음이다.

영정 사진 속 아버지는 건강하고 편안한 얼굴로 웃고 있다. 아버지와 내가 닮은 데가 있나. 마지막 뵌 게 언제였더라. 그래, 언니 장례식장에서였구나. 장례식장 의자에 앉아 두서없는 생각들이 들락거린다. 아버지 소식은 사촌 언니를 통해 드문드문 전해 들었다. 뇌졸중으로 두 번이나 쓰러졌고, 일 년 전부터 요양원에 계신다는 소식도 들었다. 돌아가시기 전에 한번은 뵙고 오자고 가족들과 의논하던 차였다. 코로나19로 요양원에서도 면회를 허락하지 않는 형편이라 차일피일 미루었다.

한적해진 빈소에 앉아 서로 살아온 이야기를 하고 아이들이 커가는 얘기를 나눴다. 혈육이라는 이름 아래에서 단절됐던 시간이 무색하다. 많은 이야기 끝에 우리 모두의 교집합, 아버지를 떠올린다. 같이 살아온 자식이나 멀리 떨어져 산 자식들이나 온전히 아버지와 함께하지 못했다. 아버지의 삶은 어느 곳에서도 편안하지 못했다는 걸 알게 되는 순간이다. 이상한 일이다. 아버지는 당신의 자식들이 한자리에 모일 날이라는 걸 알고 있었다는 얼굴로 조용히 웃고 있다.

　아버지는 몇 년에 한 번씩 손님처럼 집에 다녀갔다. 집안에 일이 있거나 친척집 대소사에 다니러 왔다. 서울 사람, 어린 마음에도 아버지를 서울에서 온 손님 같아 조심스러웠다. 툇마루에 가지런히 벗어놓은 광낸 구두와 안방 벽에 반듯하게 걸어놓은 양복이 멋지면서도 낯설었다. 양복에 먼지를 털어내는 아버지 뒷모습은 떠나려고 준비를 서두르는 사람 같았다. 아버지는 흙먼지 날리는 동네와는 어울리지 않는 모습으로 며칠을 지내고 떠났다. 자신을 원망하는 아내와 어린 자식들과 켜켜이 쌓인 일상의 무게를 피해 떠났다. 그때마다 아버지는 처음 집을 떠나던 이십 대 가장의 어리고 비겁한 그 마음 그대로였는지도 모르겠다.

　자라면서 평범한 아버지를 꿈꿨다. 딸 바보인 아버지는 바라지도 않았다. 육성회장직을 맡고 딸의 뒷배가 돼

주지 않아도 된다. 촌부로 가난하더라도 가족 곁에 있는 아버지, 밭일로 거칠어진 손을 비벼 딸의 언 손을 녹여주는 아버지, 기특하다고 딸의 머리를 쓰다듬어주는 아버지이길 바랐다. 딸들 결혼사진 속에 앉아 있는 아버지는 의무적이면서도 무표정했다. 그 표정 뒤에 숨겨진 아버지의 또 다른 모습이 있다는 걸 시간이 지나서야 알았다.

우리가 모르는 아버지의 삶은 어땠을까. 당신이 살았던 날들 속에 이 막내딸이 애틋했던 적이 있었을까 궁금해진다. 후회된다. 아버지 덕분에 이 세상에 태어나 아이들 낳고 잘 살아가고 있으니 걱정하지 말라고, 감사하다고, 왜 좀 더 일찍 마음을 털어놓지 못했을까. 살아있을 때 울고불고해서라도 내 마음을 전할 걸, 철없이 응석이나 부려 볼 걸 했다.

자식에게 부모는 인연의 시작점이다. 세상에 태어나 처음 만나는 인연이다. 부모에게서 받은 사랑과 믿음은 살아가면서 시련을 겪어도 다시 일어설 수 있게 한다. 겨울철 보리밟기처럼 세상에 단단히 뿌리내리게 다져주는 힘이다.

아버지의 삶은 자식들의 삶에 무늬를 만든다. 부모와 자식 간에 사랑과 행복으로만 이루어지지 않는다. 더러는 부모를 향한 미움과 원망과 증오를 하며 되레 자신에게 깊은 상처를 만든다. 아버지의 삶과 마주하면 그도 상처받고 흔들리는 사람이라는 것을 알게 된다. 모든 아버지는 저마다 다른 모습으로 살아간다. 사는 형편이 다르고 삶도 제각각이라 자식들의 마음속에 '아버지'라는 이름은 만 개의 꽃으로 핀다.

눈이 녹아 어느 날은 비가 되겠지. 안개가 되고 작은 물방울로 머물러도 물은 결국 첫눈의 기억을 잊지 않을 것이다. 견고한 인연의 고리 안에서 시절 인연이 되면 다시 만날 것이다. 아버지와 나도 그랬으면 좋겠다. 그때는 평범한 아버지와 딸로 만나길 기도한다. 시린 날 첫눈 같은 인연이 아니라 봄날 햇살 같기를.

여전히 밖엔 눈이 내리고 기약 없는 이별에 내 마음에도 겨울바람이 분다.

담쟁이 발걸음

　도심 뒷골목을 마른 바람이 쓸고 지나간다. 네거리 모퉁이에 있는 카페 안으로 들어섰다. 카페는 작지만 조용한 분위기로 혼자 시간을 보내기에 안성맞춤이다. 카페 건물 전체를 담쟁이가 덮고 있는 모습이 좋다. 회백색 건물들 사이에 홀로 푸른 옷을 입은 듯하다.
　담쟁이 모습은 다양하다. 잎이 풍성한 여름에는 푸른빛 비단을 두른 듯하다. 새색시의 치맛자락처럼 초록빛으로 나풀거린다. 바람이 거세게 부는 날은 벽 전체가 갈맷빛 물결로 출렁인다. 담쟁이의 굵고 가는 줄기는 날짐승의 뼈대처럼 유연하면서도 단단하다. 금방이라도 바람을 타고 하늘로 날아오를 것만 같다. 그 기세에 반하여 한참을 서서 바라보곤 한다.

잎을 떨군 담쟁이는 줄기가 굵고 가는 앙상한 모습으로 벽에 붙어 지낸다. 살점 없이 뼈대만 드러낸 짐승의 모습처럼 처연하다. 겨울바람이 그의 등줄기를 쓸고 지나갈 때 더욱 스산한 기분이 든다. 하지만 어떤 날은 땅에서 뻗어 나온 혈관 같아서 달리기 출발선에 선 것처럼 팽팽한 긴장감이 느껴진다.

카페 창가에 앉아 카모마일 한 잔을 주문했다. 차 향기가 처음 왔던 날을 떠올리게 한다. 사직서를 쓰고 책상 서랍에 넣어 놓고 나온 날이었다. 심란한 내게 담쟁이가 들어와 쉬라는 듯이 초록빛 손짓을 했다. 차를 마시며 생각을 정리했다. 고민은 욕심에서 생겨난다는데 가정일과 회사일 사이에서 어느 욕심을 내려놔야 할까. 잦은 야근 때문에 아이들 돌보는 일로 고민이 많던 시기였다.

창문을 열자 선선한 공기가 훅하고 밀려온다. 일상의 소음과 옆 식당에서 풍겨오는 음식 냄새도 따라 들어온다. 방충망 군데군데에 까맣게 말라붙은 것이 눈길을 끈다. 가는 뿌리처럼 보이는 것들이 철망을 움켜쥔 채 말라 있다. 동그랗고 쪼그맣다. 조그맣고 까만 흔적 위로 담쟁이 여린 줄기들이 조심스럽게 걸음을 내놓고 있다.

덩굴손 담쟁이의 옅은 갈색이 도는 가는 줄기가 조그마한 이파리를 달고 방충망 위를 천천히 가로지르고 있다. 줄기에 좁쌀 크기의 빨판 같은 게 붙어있다. 청개구리 발가락처럼 생겼다. 흡반吸盤이다. 다른 동물이나 물체에 달라붙기 위한 기관이다. 담쟁이 흡반은 여린 줄기와 잎이 잘 자랄 수 있게 뿌리 역할을 한다. 흡반이 바닥을 지지하면 다시 새로운 잎과 줄기가 자라며 마디를 이룬다. 철망 위에 말라죽은 것은 아슬아슬한 걸음들의 흔적이다. 쉬지 않고 딛는 걸음들이 모여 담쟁이의 푸르른 기세를 만든다. 누군가의 본 모습을 보고 싶다면 그의 고단한 일상을 들여다봐야 한다.

담쟁이는 의지할 것을 가리지 않는다. 뿌리를 내리는

곳이 그들의 영토가 된다. 삶과 죽음, 낭만과 현실 사이를 잇는 밧줄처럼 줄기를 뻗는다. 평면이건 수직이건 어떤 방향으로든 줄기를 뻗는다. 뿌리를 내리면 어디든 타고 오른다. 암벽은 물론 나무줄기나 건물 외벽, 울타리나 돌담 위도 걷는다. 새벽을 시작하는 서민들의 발걸음처럼 쉬지 않고 온 힘을 다해 나아간다.

팍팍한 현실에서 위태롭고 절박한 게 어디 담쟁이 발걸음뿐이랴. 첫차를 타고 가서 막차에 몸을 싣는 일용직 노동자들, 피곤한 몸을 이끌고도 아침이면 출근해야 하는 가장들, 어린 나이에 가장 역할을 해야 하는 소년 소녀들, 보육원을 나와 어른으로 살아야 하는 젊은이들, 힘든 일상을 살아가는 많은 이들의 삶 속에도 간절함과 절박함이 녹아있다.

스물하나에 결혼하고 세상 물정 모르고 살다 세 아이를 혼자 키우게 됐을 때, 언니의 심정이 그러했을 것이다. 하루에 시간제 일을 서너 개씩 하며 억척스럽게 아이들을 키워냈다. 아침이 오는 게 두려웠다고 그녀는 소주잔을 기울이며 지난 이야기를 했다. 날이 밝으면 다시 세상으로 나가야 하는 언니의 어깨에 삶의 무게가 무겁게 누르고 있다.

때로 가족이라도 서로의 아픔을 모르고 살아간다. 가족이나 혈육보다 더 허물없이 지내는 친구나 동료에 기대어 힘든 시간을 견디며 살아가기도 한다. 그들의 손을 잡고 어깨에 기대어 일어선다. 내일은 오늘과는 다를 거라는 믿음으로 꿈을 향해 또 한 걸음 내딛는다. 그녀는 불안한 현실 속에서도 푸른 희망을 향해 나아갔으리라.

어느 날, 흰 봉투에 '사직서'라고 썼다. 쉼 없이 달려온 시간에 대한 마침표이다. 마지막 순간에 날릴 비장의 무기이기도 하다. 생각만으로도 팽팽한 줄을 끊고 날아가듯 홀가분해진다. 하지만 '아직은, 아직은', 하며 책상 서랍에 숨겨두었다. 많은 이유를 저울에 바꿔 달아도 눈금은 늘 먹고사는 문제에 기울었다. 봉투를 만지작거리다 다시 서랍에 넣는다. 더 나은 내일을 봉투 속에 꾹꾹 밀어 넣는다.

물 한 방울 없고 씨앗 한 톨 살아남을 수 없는

> 저것은 절망의 벽이라고 말할 때
> 담쟁이는 서두르지 않고 앞으로 나아간다
> — 도종환의 「담쟁이」 일부

 시인의 말처럼 현실은 절망의 벽이고 허공 속을 걷는 한 자국의 걸음일지 모르겠다. 담쟁이는 절망의 벽을 쉼 없이 기어오르고 있다. 상처를 봉합하듯 허물어지고 무너지는 것을 끌어안는다. 살아있는 것들은 모두 벽을 넘고자 한다.
 하나의 뿌리에서 시작하여 수백의 줄기로 수천 개의 마디로 벽면을 채운다. 붉은 갈색빛의 어린 이파리는 전장의 깃발처럼 바람에 흔들리며 앞으로 나아간다. 모세혈관처럼 퍼져있는 줄기의 번식은 삶의 터전을 지켜나가는 성실한 도전이다. 가파른 현실을 견디며 때를 기다린다. 그들은 세상의 벽에 단단히 붙어있다. 마디가 끊기면 다시 어딘가에 뿌리를 내릴 것이다. 경계를 지우고 한계를 넘는 건 삶의 확장이다. 벽을 타고 담을 넘는 담쟁이의 담대함과 부지런함 그리고 끈질김에서 강한 생명력을 느끼게 한다. 현실을 견뎌내야 푸른 꿈을 피워낼 수 있다.

고난의 시간을 살아낸 이들의 얼굴에는 푸르른 생명력이 있어 좋다. 투박해진 손가락 마디와 얼굴의 주름 사이로 견디고 살아낸 시간이 모여 눈이 부시다. 그들의 걸음은 연대의 행렬이다. 담쟁이가 푸른빛으로 반짝인다. 자신의 삶을 포기하지 않고 지켜나가는 모습이다. 최선을 다해 살아가는 누군가의 얼굴이다.

지난 시간을 돌아보면 사랑하는 사람들의 어깨에 기대고 그들의 손을 잡고 살아온 세월이다. 멈추지 않고 한 발 더 나아가는 용기가 필요했던 순간들이다. 열심히 내딛는 발걸음으로 살아간다면 돋보이지 않는 삶인들 어떤가.

어머니의 유산

트럭이 친정집 좁은 올레를 미끄러지듯 빠져나왔다. 일출봉 위로 흰 구름이 지나가고 있다. 바닷바람이 훅하고 코끝에 와 닿는다. 코끝에서 폐 속까지 바다 냄새로 출렁인다.

바다와 모래밭은 여름날의 놀이터였다. 친구들과 까맣게 그을릴 때까지 바다에서 자맥질하던 기억이 물결 따라 일렁인다. 짭조롬한 바람을 맞으며 모래언덕에 핀 연보라색 순비기꽃이 손을 흔든다. 소꿉친구가 배웅하는 것 같아 창밖을 보는 척하며 붉어지는 눈을 비볐다.

한 시간 남짓 달렸을까. 나무 그늘이 짙게 드리운 숲길이 시작된다. 방지턱을 넘으며 트럭이 덜컹하고 흔들린다. "살살, 조심조심.", 트럭의 짐칸을 살피며 놀란 목소리로 남편에게 당부하는 눈길을 보냈다. 오래된 항아리들이다. 적당히 세월의 때가 묻고 쿰쿰한 냄새도 난다. 항아리를 옮기기 전에 차 바닥에 헌 카펫을 깔았다. 항아리 몸통을 천으로 두껍게 감싸고 움직이지 못하게 단단히 묶었다. 행여나 깨지기라도 할까 봐 조바심이 났다.

집에 도착한 후 미리 만들어 놓은 자리로 조심스럽게 옮겼다. 트럭 뒷자리에서 쪼그려 앉아 오느라 고단했던지 항아리들은 주둥이를 하늘로 향하고 더운 김을 토해낸다. 속을 씻어내고 몸도 반질거리게 닦는다. 냄새를 우려내기 위해 물을 채웠다. 항아리는 언제나 정갈하던 어머니의 머릿결같이 말끔하다. 나무 그늘에 앉아 햇볕에 나앉은 항아리를 한참 바라본다. 이제 어머니의 장독대는 텅 비었다. 우리 집 장독대에는 새 식구로 북적인다. 장독대 위로 팽나무 가지가 길게 손을 내밀고 있다.

어머니는 요양원에 들어가기 전에 자식들에게 재산을 나눠주었다. 재산이라곤 달랑 당신이 살던 집 한 채였다. 집은 제사를 모실 자식이라고 아들 내외에게 주었다. 친정집이 없어지는 것 같아 서운하다. 동생 집이 된다고 해도 추억이 있는 한 여전히 나의 친정집이라고 생각하며 서운함을 달랬다.

이제 남은 거라곤 어머니가 쓰던 물건들이다. 헌 장롱과 수명이 얼마 남지 않은 냉장고와 세탁기 그리고 밖거리 방에 있는 반닫이 궤 두 짝이다. 위로 언니 둘은 궤 한 짝씩을 갖기로 했다. 언니들은 어머니가 지녔던 물건이 하나도 없으면 나중에 섭섭할 거 같다고 낡은 궤를 하나씩 끌어안는다.

궤 속은 투박하고 어수룩하게 산 어머니의 모습처럼 여기저기 흠집투성이다. 속을 바른 한지가 군데군데 찢기고 누렇게 변했다. 궤는 옷장이며 보석상자였다. 어머니는 옷을 싼 보자기를 계절마다 풀고 묶고를 반복했다. 지금은 보자기 속의 옷을 거의 버리고 두꺼운 스웨터 두어 벌만 빨간 보자기에 싸여 추운 겨울을 기다린다.

서랍에는 딸들의 초등학교 졸업사진과 오래전 군대 간 아들이 보낸 편지와 누렇게 바랜 유채 재배 계약서가 있다. 어머니는 흐린 눈을 비비며 자식의 얼굴을 찾아 졸업사진 속을 더듬었을지도 모르겠다. 백열등 아래서 점자를 읽듯 자식의 시간을 헤아렸을까. "보고 싶은 어머니"로 시작하는 아들의 편지는 베개 밑에 뒀다가 아들이 제대한 후에야 궤 안에 고이 접어두었을 거다. 기한이 지난 유채 재배 계약서는 오래전에 버려야 했다. 글을 모르는 어머니는 계약서 봉투를 몇 번이나 열었다 다시 제자리에 넣었을 것이다. 그러다 전당포에 맡겨두고 찾지 않은 물건처럼 잊었으리라.

언니들은 어머니 삶과 자신의 유년 시절을 유산으로 받은 셈이다. 궤를 열 때마다 어머니를 생각하며 눈물과 콧물을 흘릴 것이다.

나는 항아리를 받았다. 된장을 담았던 항아리와 간장 항아리, 몸통이 갸름하게 생긴 것과 작은 단지들까지 모두 다섯 개다. 갸름하고 손잡이가 있는 항아리에는 파란만장했던 어머니의 세월처럼 금이 간 자리 이곳저곳에

알루미늄호일을 밴드처럼 붙여 놓았다. 항아리 빈속에 지푸라기가 거미줄에 붙어 대롱거린다.

"아이고, 이젠 이것도 그만해사키여. 혼자국이 힘들다." 몇 해 전, 된장 가르던 날 어머니는 폐업을 선언했다. 어머니 나이 팔십 중반이었다. 발자국을 내놓을 때마다 오르막을 오르는 고물 자동차처럼 위태로웠던 터라 이상할 일도 아니었다. 자식들에게 김치며 된장, 간장을 싸서 보내는 게 삶의 낙이었던 분이다. 포기하는 일은 많아지고 누군가의 도움이 필요한 나이가 되었다.

어머니를 위로하고 싶은 마음에 항아리를 주면 농사지은 콩으로 장을 담가 먹겠노라고 달콤한 공약을 했다. 장을 담가 본 적도 없는데 항아리를 달라고 했다. 항아리를 가지고 와도 하루아침에 장을 만들 재간도 없으면서 무슨 배짱이었는지 모르겠다. 한편으론 장 만드는 것이 뭐 그리 어려운 게 있을까 싶기도 했다. 항아리를 끌어안고 보니 덜컥 겁이 난다. 무겁고 조심스럽고 자칫하면 자리만 차지할 이 물건을 어쩌면 좋을까.

올봄엔 비가 많이 와서 제대로 콩 수확을 기대하긴 어

렵게 되었다. 미리 사둔 소금만 여섯 포대다. 이 일을 어쩐담. 항아리를 두드리니 퉁퉁 배곯은 소리를 낸다. 이 속을 무엇으로 다 채울까. 항아리들은 아직도 어머니의 부지런한 손길과 맛있는 장맛을 기다리고 있으리라. 항아리의 배를 쓸고 등을 어루만지며 생각한다. 어머니의 장맛을 흉내 내는 건 어림도 없겠지. 어머니의 장맛을 모르듯이 항아리같이 깊은 어머니의 마음을 나는 아직도 모른다. 어머니의 삶의 끝에 무엇이 남아있을지 또한 모르겠다.

항아리에 어디 장만 담으란 법이 있나. 콩이나 보리도 담고 미역도 담아두고 주둥이 넓은 것에는 소금도 담아 두련다. 예전엔 고팡에 곡식을 담아두던 배불뚝이 항아리도 있고 부엌에는 물항아리도 있었다. 쓰임이 다양하니 천덕꾸러기는 안 될 것이다. 그러다 약속대로 장을 담가 봐도 좋겠다. 어머니가 장을 만들 때 곁에서 도와왔으니 쉬 담가지지 않을까.

항아리에는 어머니의 눈물과 한숨이 고스란히 배어있다. 유산 속에는 남긴 자의 삶이 녹아있다. 한때는 보람이었던 것, 땀과 눈물과 한숨 속에 간절히 바랐던 이야기가 지층처럼 켜켜이 쌓여있다. 물건에는 저마다의 이야기가 있다. 물건 속에서 이야기를 찾고 이야기 속에서 삶의 흔적을 찾는다.

어머니의 푸근한 허리를 감싸듯 항아리를 안는다. 어머니가 그리 아끼던 항아리 속에 담기고 퍼냈을 것들을 생각한다. 어깨에 짊어진 가족의 생계, 밭으로 바다로 내딛던 숨찬 걸음걸음, 가슴을 치는 설움과 남몰래 흘린 눈물 그리고 자식들이 잘 살아가길 바라던 기도가 섞인 어머니의 시간을 쓸어 안는다.

항아리들이 멀리 떠나온 날, 저녁 해가 장독대 위로 조용히 내려앉는다. 노곤한 시간을 서로의 어깨에 기대고 항아리들이 긴 그림자를 드리운다.

강순지
2015년 《수필과비평》 등단
수필과비평작가회의 회원, 제주문협 회원, 제주수필과비평작가회 회원
제4회 제주어문학상 수상

2024년 제6회
| 베스트에세이 10選 |

갈필, 못다 쓴 편지 외 2편

김 주 선

jazzpiano63@hanmail.net

"이보게 용식이."

한문 서체보다 한글이 서툴렀음에도 아버지는 매번 이름만 반복해서 써보고는 종이를 접곤 했다. 글씨 연습하는지 붓의 결을 테스트하는지는 모를 일이었다. 모필에 먹물을 흥건하게 묻혀 쓰는 매끈한 글씨체도 아니고 뻣뻣한 갈필로 쓰는 비뚤비뚤한 글씨였다. 게다가 먹물도 잘 먹지 않는 붓인지라 글씨의 획은 각질이 생긴 발뒤꿈치처럼 트고 거칠었다.

삼십여 년 전 엄마의 거울처럼 맑은 달이 뜬 밤이었다. 제삿날에 지방紙榜을 쓰는 정갈한 자세로 아버지는 여느 때처럼 먹을 갈았다. 지금으로 치면 캘리그라피였을까. 아니면 편지였을까. 윗목에 한지를 펼쳐놓고 '용식이'라 불리는 사내 이름을 큰 글씨로 흘려 써 놓고는 다음 말을 잇지 못했다. 또다시 불면이 찾아온 듯 여백에 댓잎을 치던 아버지는 음력 시월의 스산한 뒷마당으로 나가 둥근달을 올려다 보았다.

나이가 들자 아버지는 자식들 성화에 못 이겨 농사를 접고 붓을 잡고 살았다. 취미 삼아 쓰는 서예는 주로 획이 적은 초서체를 많이 썼지만, 그것도 고되고 재미가 없는지 오래 못 가 관두었다. 유난히 칡넝쿨이 많아 '갈산말'이라 불리는 동네를 드나든 건 그 무렵이지 싶었다. 지금은 아무도 살지 않고 지도에서도 지워진 지명이지만, 반듯하게 자란 칡뿌리와 줄기를 잘라 와 붓 만드는 일에 몰두했다. 생활용품인 갈목비, 싸리비, 수수비 같은 빗자루도 아니고 약용으로 쓰는 칡으로 붓을 만들

다니, 그 깊은 속을 읽어낼 길이 없었다.

갈필葛筆은 칡뿌리나 줄기로 만든 붓이었다. 굵기에 따라 용도가 달랐다. 적당한 길이로 잘라 망치로 수백 번, 아니 수천 번을 달래듯 두드려 한 올 한 올 가닥이 곱게 찢어지도록 하는 제법 손이 많이 가는 일이었다.

듣기로는 붓을 만드는데 삼사 년생 어린 칡 줄기나 뿌리를 사용한다고 했다. 식물성 기름과 녹말을 뽑아내려면 소금물에 쪄 건조하기를 여러 번 반복해야 했다. 석 달 동안 이 작업을 반복하다 보면 진흙색의 칡 가닥이 잔털처럼 연해졌다. 그렇게 반 건조된 칡 줄기를 살살 달래듯 토닥여야 그나마 그림이건 글씨건 쓸 수 있는 붓이 되었다.

예전에는 비싼 모필 대용으로 칡을 끊어다 돌로 짓이겨 만들어 썼다고는 하나 지금이야 어디 그런가. 악필가도 명필이 되게 한다는 좋은 붓이 얼마나 많은데.

화방에는 매끄럽게 써지는 곱고 부드러운 붓도 흔했지만, 굳이 거칠고 억센 식물 뿌리로 붓을 만드는 것일까. 내심 궁금했다. 시집간 막내 딸년이 '사네, 못 사네'

순탄치 못한 결혼 생활이 속상해 저러나 싶어 나는 눈치가 보였다. 마치 숫돌에 칼을 갈 듯 먹을 가는 아버지의 속이 벼루에 까맣게 녹아내렸다.

  용식이란 분은 아버지의 오랜 벗이었다. 외할머니에게 듣기로는 자식놈 때문에 야반도주했다던가. 오죽하면 밤도망을 했겠냐고 갈고개의 칡넝쿨을 낫으로 걷어내던 일꾼들이 수군거렸다. 그 집에 장가 못 간 노총각 아들이 있었다. 아랫말에 공장이 들어서고 외지인들이 몰려와 마을의 빈집에 세를 얻곤 했다. 그때 이웃에 이사 온 아이 딸린 유부녀와 정분이 난 그 집 아들이 목을 매는 사건이 생겼다. 하필이면 억센 가시나무에 질기고 질긴 칡넝쿨로 올가미를 만들었냐며 자식을 잃은 그이의 아내마저 실성하자 그는 아내를 데리고 조용히 마을을 떠났다. 소문은 또 얼마나 질기고 무성하게 자랐던지 강원도 원주의 어느 산자락에서 줄기차게 뻗어난 칡넝쿨이 병든 아내의 숨마저 조였다고 했다. 닥나무로 만든 한지 생산지로 유명한 고장이어서 닥나무 껍질을 벗겨

생계를 잇다가 그렇게 허망하게 아내를 보냈다고.

  칡꽃을 '갈화'라고도 한다. 내가 칡꽃을 처음 본 것은 불혹이 넘어서였다. 등나무꽃처럼 보랏빛이 도는 자주색 꽃망울이 자수정처럼 알알이 박힌 참 곱고 예쁜 꽃이었다. 이리 향기로웠나 싶을 만치 그윽하고 신비스럽기까지 했다. 해마다 아름다운 꽃을 피웠을 텐데 한 번도 보질 못했다니 새삼 꽃말이 생경하게 가슴에 닿았다. 아버지의 막역지우莫逆之友였던 용식 씨, 꽃말처럼 그의 아들이 사랑해서는 안 될 사람에게 짓는 '사랑의 한숨' 때문이었나.

  꽃을 찬란히 피우는 8월까지 사람들이 참고 기다려 주지 않았다. 한여름이면 걷잡을 수 없을 정도로 번성하고 생장이 빨라 아무 나무나 기어 올라가 기어이 말려 죽이는 골칫덩이였기 때문이었다. 주변 나무를 죄다 감아버리고 숨통을 조였기에 서둘러 낫으로 제거해야 했으며 심하면 제초제까지 뿌려야 했다. 단단했던 소나무가 고주박이 될 정도로 넝쿨에 감겨 고사枯死하는 일이

잦았기에 그들의 무모한 사랑 또한 훼방하듯 사람들이 가만두질 않았던 거다.

원래 칡 줄기는 새끼 대용이었다. 질겨서 농가에서는 바구니나 광주리를 만들어 썼다. 묶는 끈으로 쓸 만큼 한 뿌리에서 나온 줄기는 10여m가 넘어 한 아름이나 되었다.

지난 7월에 부산에서 열리는 〈꿈의 서화〉라는 전시회에 다녀온 이가 사진을 보내왔다. 건설업을 하다가 서예에 매료된, 그것도 갈필만 고집하는 청암 이상록 선생의 작품이었다. 두 해 전에 열린 그의 개인전은 전무후무한 갈필전葛筆展이었다는 소식은 들었다. 아버지가 살아계셨다면 한걸음에 달려가셨을 일이다. 이번 초대작은 나태주 시인의 〈바로 말해요〉란 시를 갈필로 써 내려간 한 폭의 한글 족자였다. '망설이지 말아요, 시간이 없어요, 사랑한다고 말해요, 보고 싶었다고 말해요, 그리웠다고 말해요.' 시詩는 바로 말하라고 사랑 고백을 재촉했다.

모르는 사람은 글씨가 거칠고 유연하지 못해 매력이

없다고 하지만 그건 모르고 하는 소리다. 갈필의 매력은 획이 거칠고 튼살처럼 갈라지고 그림자가 어른거리고 먹물의 응집력이 떨어진 것처럼 보이는 것, 그게 제대로 된 완성작이라고 말해주고 싶었다.

"이보게 용식이."

오래전 그날은 그의 넋을 기리는 기일이었다. 사무치게 그리운 이름을 종이 위에 나직이 불러놓고는 숨을 고르던 아버지의 붓끝이 가늘게 떨렸다. 흠뻑 제초제를 뿌려도 이듬해 다시 꽃을 피우는 칡을 잘라다가 소금물에 찌고 말리고 두드리고 다져서 쓰고자 했던 아버지의 편지는 무엇일까. 비록 여백일지라도 나는 그 마음을 읽을 수 있었다. 보고 싶다고, 그립다고, 지켜주지 못해 미안하다고.

친구의 마음을 칭칭 옭아맨 덩굴을 돌로 짓이겨서라도 풀어주고 싶었던 아버지의 손바닥에서 빨갛게 칡즙이 흘러내렸다. 문밖에서 바람이 울었다.

K-굿

 독일 뒤셀도르프에 사는 친구에게 한국의 '굿' 열풍을 들은 건 이삼십 년 전이었다. 사실 믿기지는 않았다. 베를린에서 진혼굿을 하는 김금화 소식을 들었을 때는 편견이 심해 남의 나라까지 가서 왜 저러나 싶어 심드렁했다. 무엇보다 기독교인이었고 미신이라고 터부시할 때라 별 관심이 없기도 했는데 오히려 독일인 친구들이 동양의 작은 나라에서 온 신비한 무녀 비단 꽃(금화)에 열광했단다. 에너지가 폭발하는 매력적인 무속 의식에 푹 빠져 한국으로 유학 온 학생도 있었는데 관련 자료가 컨테이너 한 대 분량이라며 그 열의를 놀라워했다.

드라마, 가요, 영화, 심지어 음식이나 부동산에도 '케이(K) 콘텐츠'가 붙는 요즘, 한국 대중문화의 세계적 열기는 참으로 대단하다. 하지만 그 이전에 K-굿이 있었다는 사실을 아는 이가 많지 않을 것이다.

1982년 한미수교 100주년 기념행사에 초대된 문화사절단에 무당 김금화가 있었다. 한국의 전통 무속을 무대에서 소개할 참이었다. 무녀들이 차려입은 옷차림을 보고 영사관 직원이 나라 망신시키러 왔냐며 극구 말렸다. 다른 프로그램이 다 끝나도록 무대에 못 오르다가 카펫을 걷어 낼 즈음 공연 관계자 한 명이 등을 떠밀어 겨우 공연하게 되었다. 김금화는 단 15분간 한국의 전통 무속문화를 보여주고자 죽기 살기로 굿을 하며 맨발로 작두를 탔다. 짧지만 강렬한 굿판이 센세이션을 불러일으켰다. 넋을 잃고 바라본 외국인들의 박수가 터졌고 자리를 떠난 관객들조차 다시 돌아와 춤추고 난리가 났다.

우여곡절 끝에 무대에 오른 계기로 장장 한 달 가까운 기간 동안 미국에서 굿을 공연하였다. 그 후 스페인, 독일, 프랑스, 이탈리아, 러시아는 물론 중국과 일본 등 세계 곳곳을 누볐다. 순회공연과 강의를 했고 한국 전통문화의 가치와 민속 신앙으로서 우리 굿을 알렸다. 아마도 종합예술로 높은 평가를 받은 한류의 시초가 아닐까 싶다.

 김금화는 음지로 숨을 것이 아니라 세상에 나아가 사람들과 더불어 마음을 정화하고 영혼을 달래고자 했다. 더더욱 사명감에 불타 세계를 누비며 굿을 했다.

 그즈음 한국언론에서는 짧게 다루었지만, 외국에서는 한국의 샤머니즘을 하나의 문화 현상으로 보고 한류 바람이 일었다. 한국인은 나라 망신시키고 다닌다며 따가운 시선으로 바라볼 때 유럽은 무당을 불러 굿을 하는 가정도 있었고 한국 샤먼에 대한 선입견 없이 인정하였다.

 유럽에서 금화가 공연 중일 때, 겅중겅중 춤을 따라 하던 관객이 기절하다시피 쓰러지는 경우도 많았다. 땅

바닥에 데굴데굴 구르는 등 별의별 사람들이 다 생겼다. 요즘 K-팝 아이돌 공연을 보면서 혼절하는 경우와 같다고 할까. 온몸과 마음으로 공연을 함께한 최고의 관객은 유럽인이었다. 심지어 파리 공연 때는 표가 없어서 되돌아간 사람들도 있었다. 국내에서 여전히 많은 사람이 미신이라며 괄시하고 천대할 때, 신비하고 강렬한 이방의 샤머니즘을 한국 문화로 이해하고 존중해 주었다.

그중에는 굿도 하고 신딸이 되어 내림굿을 받은 독일 여성 안드레아 칼프도 있었다. 이탈리아 로마대학에서 교황 진혼굿을 할 때는 김금화를 이방의 한 종교인으로 존중하고 대우해 주었다. 교황청에서 부르는 김금화의 수식어는 만신이요, 무용가요, 동양의 종교인이었다. 모든 한류가 그렇듯이 정작 우리는 우리 문화의 소중함을 잘 모르는데 세상 밖 사람들의 눈에 비추어진 한국문화의 우수성을 보고 그제야 따라서 열광한다. 참 아이러니가 아닐 수 없다.

과거, 굿은 우리의 민속 신앙이었다. 마을의 안녕을

비는 제사였고 동네잔치였다. 굿이 열리는 날은 만사를 제쳐두고 함께 모여 기원하고 복을 빌었다. 그러다가 유신 시절 새마을운동 때 미신타파를 앞세워 가정에서 시루떡만 올리는 안택굿도 못 하게 국민을 계몽했다. 조그만 시골에 교회를 짓고 첨탑 끝에 십자가를 세워 서양 종교를 믿어야 천당 가고 미신을 믿으면 지옥 간다며 무녀를 쫓는 마녀사냥을 했다. 행정관계자가 건달을 시켜 굿당을 깨부수고 불을 지르자 신을 섬기는 사제의 길을 마다하고 도시로 스며들었다. 젊은 사람들은 굿을 무서워하고 귀신 보듯 관람조차 기피 했다. 사사로운 굿이나 하며 점치는 일도 겸한 돈벌이로 전락하자 무당의 이미지는 추락하였고 악의 축으로 보기도 했다.

  부정적인 시각이 팽배한 이유는 무엇일까. 신의 이름을 빌려 잔꾀를 부리며 돈을 버는, 사리사욕에 눈먼 무당 때문은 아닐까. 비싸도 너무 비싼 굿 비용과 부적값은 살림의 근간을 뒤흔드는 사례여서 전수자까지 싸잡아 욕을 먹는 현실이다. 지금도 전국의 굿판에는 많은 외국인이 찾아오는데 일부 종교단체에서 버스까지 대절하고 와 굿을 방해하는 것을 보면 무속은 여전히 대우받지 못하는 실정이다.

소설가이며 민속학자인 이원섭 선생은 신학대학을 졸업하고 불교에 심취했다가 다시 무속과 민속연구에 평생을 보낸 기인이다. 한때 여의도에 있는 그의 사무실에서 일하며 무속신앙과 관련한 다큐멘터리 제작일을 도왔다. 나는 집사 직분을 받은 세례 교인이었지만, 굿을 종합예술 콘텐츠로 만드는 그의 집념에 샤머니즘을 바라보는 시각이 달라졌다.

'굿은 페스티벌이다.'라고 정의한 그는 전통 굿을 공연예술화하는 일에 앞장섰고 K-굿을 세계에 알린 장본인이기도 하다. 일제강점기, 민족말살정책의 가파른 길에서 전통문화를 배척하고 타파의 대상이 된 무속신앙을 한국 대중문화의 반열에 올리고자 한 노고를 나는 안다. 그는 굿은 종합예술이고 즐기는 예술 콘텐츠로 바라봐주길 바라며 2년 전 작고한 중요무형문화재 김금화를 기리는 작업에 몰두하고 있다.

K-굿! 이미 K-콘텐츠 반열에 오른 풍물굿이나 사물놀이, 난타와 그 근원은 같다. 자손의 안녕과 복을 빌기 위하여 정화수를 떠 놓거나 새로 지은 밥 한 그릇을 부뚜막에 먼저 퍼 놓는 어머니의 마음도 뿌리는 같을 것이다. 친구에게 독일에서 우리 굿의 열풍 이야기를 듣고 의아했던 편견은 이제 나에게 없다. 오래전에 불었던 바람이 다시 한번 뜨겁게 불어오길 바라며 제2의 김금화가 세계의 굿판에서 한바탕 뛰어오를, 페스티벌이 열리기를 기대한다.

기억의 향기

한때, 나는 향수 수집광이었다. 여행 기념으로 한두 개씩 사 모으다 보니 나중엔 집착이 되었다. 은은하게 분사되는 향기보다는 액체를 담고 있는 우아한 유리병의 로망과 브랜드 수집에 대한 탐욕이 더 컸기 때문이라 생각된다. 지금은 몇 개를 제외하고는 지인에게 나누어 주거나 오래되어 버렸으니 과거 나의 장식장을 화려하게 채웠던 것은, 젊은 날의 허영이었는지도 모르겠다. 내가 생각하는 향수란 마릴린 먼로가 애용했다는 '샤넬

NO5'처럼 관능적 향기거나 마음을 홀리는 향이거나 유혹을 부추기는 것이라 여겼다.

  미국의 데메테르 향수 제조사의 광고를 보면 '기억, 그 모든 것은 향기로 이루어진 삶의 조각'이라는 문구가 눈에 띈다. 디자인은 다소 촌스럽고 평범하며 향수병은 액체를 담는 용기容器일 뿐 우아함은 없지만, 향기는 예사롭지 않았다. 주머니 속에 넣고 다니며 언제든 행복한 기억을 소환하고 싶을 때 꺼낼 수 있는 기호품이었다. 사람의 체취를 인위적으로 없애 관능, 요염, 도발 같은 독한 향으로 범벅을 만든다면 호흡곤란이 올 만큼 멀미가 날 것이다. 그러나 자연에서 나는 향을 그대로 병에 담아 기획 아이템으로 내놓은 제조사의 전략이 그저 놀라울 따름이었다.

  꿉꿉한 날씨와 끈적한 기분을 달래 줄 향기가 있다면 사랑스러운 베이비 파우더 향, 오이 비누 향, 바삭한 햇살 내음일 것이다. 데메테르의 수석 조향사의 말을 빌리지 않더라도 우리 삶 속에 자리 잡은 좋은 냄새의 기억은 다 향기일 것이다. 그렇다고 향수 이름이 주는 선입견은 없었다. 그의 제품 중에는 재미있는 이름들이 많았다. 작업실에 대한 기억의 냄새를 테마로 출시한 향수 이름만 해도 '먼지', '페인트', '본드', '크레용' 같은 사물에 대한 것이었다. 날씨에 대한 기억의 향기에는 '세탁 건조기'라는 이름도 있었다. 뽀송뽀송하게 잘 마른 빨랫감에서 나는 향이란다. '소금', '설탕', '초밥', '버터 쿠키' 같은 음식물에 관한 이름도 있었고, 자연에서 나는 '흙', '잔디', '풀 잎사귀'나 '오래된 가죽 침대', '담요' 같은 것도 있었다.

행복한 기억의 향기는 어떤 것일까. '도서관'과 '종이책' 향을 섞으면 도서관에서 나는 책 냄새가 날 것이며 '다락방'과 '곰팡이' 향을 섞으면 오래된 다락방에서 나는 곰팡내일 것이다. 곰팡내라면 무조건 나쁠 것이라는 생각이 있지만, 그것은 오해다. 이름처럼 기분을 상하게 하는 냄새가 아니라 추억의 장소로 데려가 그리운 누군가를 떠오르게 하는 개운한 향이었다. 도서관에서 책을 열람하듯 기억을 열람하고 향수를 고르는 일이 얼마나 흥미로운가. 입가에 웃음을 짓게 하는 향수라는 말이 이해되었다. 엄마 냄새, 아버지 냄새 같은 향수가 있다면 반드시 구매하고 싶을 것이다. 정말 그리운 체취이니 말이다.

한여름, 뒤꼍 우물에 엎드려 등목하던 아버지에게 복숭아 단내가 났다. 땀범벅이 된 몸에 비누칠도 안 하고 물만 몇 바가지 끼얹는 정도인데 엄마의 손이 마법을 부리는지 알았다. 땡볕에 검게 그을린 아버지는 복숭아 과수원에 가면 벌레 먹은 것만 골라 따왔다. 달짝지근한 단내가 어찌 나는지 마당에 지게를 내려놓기도 전에 온 집안에 복숭아 향이 퍼졌다. 칼로 잘라보면 영락없이 하얀 애벌레들이 꿈틀꿈틀 기어 나왔다. "우린 왜 맨날 벌레 먹은 것만 먹어요?" 나는 철없이 묻곤 했다. "벌레 먹은 게 제일 맛있으니까 우리만 먹는다." 아버지의 대답은 한결같았다. 과수원집 딸들이 왜 예쁜지 아느냐며 다

벌레 먹은 과일을 먹어서라는 얘기는 귀에 딱지가 생길 정도였다. 세월은 흐르고 아버지 말대로 나는 예쁘게 나이를 먹었다. 삼대三代로 넘어오면서 사과나무를 심었지만, 유난히 벌레가 많았던 복숭아 과수 농사는 별 재미를 못 보셨다. 아련하고 그리운 아버지의 체취는 땀범벅이 된 복숭아 향이었다. 데메테르에서 시판되는 'Fuzzy Navel'(복숭아) 향수와 비슷했지만, 내 기억의 아버지 냄새와 전혀 다른 느낌이었다.

여름과 달리 아버지의 겨울 작업복은 건초 내음이 많이 났다. 암소가 새끼를 낳아 가축이 늘었고, 가마솥 하나로 쇠죽을 쑤는 일이 버거워 일꾼을 들여 마당에 솥을 하나 더 걸었다. 김이 모락모락 나는 여물은 구수한 풀 내음이 났다. 가끔 쌀겨 가루나 콩비지 한 대접을 보양식처럼 얹어 주기라도 하면 암소는 뿔질 한번 없이 잘도 잘근거렸다.

향수매장에서 'Fresh Hay'(신선한 건초)의 뚜껑을 열었을 때 외양간 정서를 알 리 없는 조향사가 건초 내음을 재현한 것이 놀라웠다. 비록 지속력은 짧았지만, 건초 냄새로 기억되는 순간 나도 모르게 쇠죽을 쑤는 아버지 곁에 앉아있었고 아버지의 낡은 작업복에 생긴 보풀들이 내 뺨을 간지럽히는 기억이 떠올랐다.

첫사랑의 달콤함처럼 감미로운 꽃향기도 많겠지만, 삶 속에서 만나는 좋은 향기를 기억으로 재현한 향수香水는 향수가 아니라 향수鄕愁였다. 어떤 이들은 기억을 파는 데메테르 향수를 폄하하며 비웃기도 했다. 귀족처럼 꽃밭에 앉아 가든 뷔페를 즐기는 우아함을 기대했다면 다소 실망할 수도 있는 향이지만 나처럼 고향의 정서를 그리워하는 이들은 쇠똥 냄새도 더없이 반가운 향기였을 것이다.

누군가 향수의 역사에 사족을 달기를 '방귀 냄새와 향수의 원료는 같다'라고 적었다. 수컷의 분비물을 건조 시킨 사향이나 영묘향처럼 최고급 재료로 쓰이는 용연향은 향유고래의 배설물로 악취가 고약하다. 오랜 시간 바다를 떠돌며 햇빛과 소금에 의해 좋은 향이 난다고 하니,

바다의 황금인 용연향 한 방울이 절대 향수가 되기까지 풍랑을 견딘 인고의 시간을 어찌 헤아릴 수 있을까.

먼 훗날 우리는 어떤 향기로 기억될까. 자식들은 현관문을 열고 들어오는 아버지의 작업복에서 나는 땀 내음과 기름 냄새를 맡고 가장의 수고로움을 기억해 줄까. 커피 냄새, 담배 냄새, 생선 냄새 등등, 세상에는 직업을 알 수 있는 냄새도 많을 테고 편안한 위로와 휴식이 되는 달콤한 향도 많을 것이다. 사람의 향기는 멀리 있어도 향기롭고 죽어서 더욱더 향기롭다고 했다. 마음을 홀리는 관능적 향기는 아닐지라도 하물며 사람이 꽃보다 아름답다는데 그 향기는 그윽하고 기품있어야 하지 않을까. 누군가가 나를 기억할 때 제일 먼저 연상되는 향은 엄마의 살 내음처럼 이름도 없이 그냥 '참 좋은 냄새'면 좋겠다.

김주선
2020년 《한국산문》 등단
제15회 바다문학상 수상, 2022년 세명일보 신춘문예 詩부문 대상

2024년 제6회
| 베스트에세이 10選 |

보그 78페이지 외 1편

박 보 라
enjoyusa@naver.com

 감성이 닿는 곳에 한계가 있을까? 차가운 밤바다, 딱딱한 아스팔트, 체온을 잃은 죽은 이의 손, 형체가 일그러진 심해어. 그것들을 대할 때조차 인간의 입은 시를 읊는다. 머리보다 더 빠르게 인식의 중심을 꿰뚫는다. 인구의 절반이 잠든 시간, 내 뚫린 구멍 속에 자리잡은 건 다름 아닌 패션쇼였다.
 장내를 울리는 누군가의 목소리는 몇 가지 단어를 반복적으로 읊었다. 그 박자에 맞춰 모델들이 제법 빠르게 걸어 나왔다. 조명과 무대는 의상을 강조하기 위해 철저히 색을 죽이고, 숨을 죽였다.

은회색 철재 바닥은 서서히 밀려드는 파도 같아서 발끝이 시렸다. 그 위로 쓸려오는 모델들은 발광하는 심해어들 같았다. 낯선 듯 낯설지 않은 선과 면 그리고 색의 조화. 그걸 디자인이란 연장으로 아주 잘 조합해 놓았다. 때론 그 조화들이 얼마나 비현실적인지, 마치 전시장에 걸린 그림 액자들이 차례대로 걸어 나오는 것 같았다. 내 머릿속에 〈이상한 나라의 앨리스〉의 카드 병정이 막 떠오를 때쯤 난 조금 현실에 가까워지기도 했다.

아직까진 아니다. 내 안의 세포들을 일으켜 세우기엔 역부족이었다. 검은 눈동자는 더 큰 자극을 바라는 중독자처럼 모델들이 입고 있는 옷을 삼백육십 도로 샅샅이 훑었다. 그 작업은 기성복을 찍어내는 기계처럼 일정하게 반복됐다. 패션쇼에서 그런 산업의 단면을 보는 건 당연할지도 모른다.

그럼 이젠 감성에 도달했는가? 아직이다. 인간의 눈은 속건성 신소재 같아서 금방 말라버리니 그 목을 축이

려면 우물 파듯, 더 깊은 곳까지 땅을 파야 할 수도 있다. 심지어 색마저 어둡고 차가운 패션쇼장에 앉아있는 사람들의 표정은 하나같이 관속에서 꺼낸 듯 굳어있었다. 관찰의 얼굴은 늘 그렇다.

반질반질한 패션 잡지 종이는 늘 손끝에서 발광했다. 친구는 그 종이를 잘라 교과서를 감쌌다. 그리고 얇아서 잘 찢어지는 비닐이 아닌, 잘 꺾이지도 않는 두꺼운 비닐을 덧입혔다. 친구의 교과서에선 늘 그림 같은 옷을 입은 모델들이 긴 다리를 쭉 뻗어 런웨이 위를 걸었다. 고작 패션 잡지를 둘러싼 교과서일 뿐이었는데도 반질반질하고 비싼 옷을 입은 그것은 우리 반에서 가장 세련된 물건이었다.

옛 추억으로 감성에 도달했는가? 미안하지만 그건 그저 발광하던 것이었지 내 안에 구멍을 뚫을 순 없었다. 그 순간, 은회색 철재 바닥과 이어진 한쪽 벽면이 몸체를 천천히 내려 온전히 바닥으로 사라졌다. 거울인가? 착시가 일어났다. 허공에 보이지 않는 거울이 내걸렸다. 모델 혼자 걷던 런웨이 위에 한 사람이 더 생겨 둘이 함께 걷고 있었다. 분명 그랬다.

 같지만 다른 존재. 총 예순여덟 쌍의 쌍둥이가 만들어 낸 무언의 감성이 드디어 내 입에서 시가 터져 나오게 했다. 런웨이를 반으로 나눠 두 개의 공간을 만들고, 똑같은 옷을 입은 쌍둥이 모델들이 각각 다른 공간을 동시에 걷게 했다. 그리고 쇼의 중반부를 넘어설 때쯤 그 둘을 막고 있던 벽이 사라지며 메시지가 명확해졌다. 같지만 다름.

 같다는 건 사실 다른 것이다. 이 법칙을 깰 수 있는 건 숫자나 자연법칙 정도가 아닐까. 어쩌면 그조차도 아직 인류가 발견하지 못한 착시는 아닐는지. 모를 일이다. 인간 복제가 가능한 시대라고는 하지만 유전자만 같다고 과연 둘을 같다고 할 수 있을까. 복제 인간이 살아가는 시간과 공간은 원래의 인간과 같을 수 없고, 그들의 결정과 생각도 같을 수 없다.

 이 패션쇼의 기획자인 미켈레는 이것을 '유사한 것이 주는 속임수이자, 깨져버린 대칭이 선사하는 환영의 게임'이라고 표현했다. 전위예술이다. 그저 유행을 이끌어갈 패션을 소개하는 자리라고 하기엔 감성의 높은 탑을 뛰어넘는 작품이다. 차가운 밤바다, 딱딱한 아스팔트, 체온을 잃은 죽은 이의 손, 형체가 일그러진 심해어가 모두 모여있는 이 기묘한 곳에서 신의 창조 원칙을 만난다. 내 눈은 다시 쌍둥이 모델들을 삼백육십 도로 훑으며 다른 그림 찾기를 한다.

온라인을 떠돌다가 이런 게시글을 만났다. '같은 옷, 다른 느낌'이란 제목 밑으로 모 유명 패션 브랜드 드레스를 입은 두 연예인의 사진이 나란히 놓여 있었다. 분명 옷은 같지만 둘의 분위기는 현저히 달랐다. 물론 한쪽이 옷을 더 잘 소화했다는 말을 붙이기 위한 인형 놀이에 불과하겠지만.

맞다. 반질반질한 패션 잡지 종이로 감싼 친구의 세련된 교과서를 내려다보고 있는 나와 내 친구들은 모두 같은 교복을 입고 있었다. 하지만 우린 모두 달랐다. 같은 옷을 입고 있다고 해서 같은 사람이 될 순 없었다. 학교가 입힌 공동체 의식 속에서 우린 각자의 색으로 발광하고 있었다.

감성이 닿는 곳에 한계가 있을까? 누구나 겪는 공평한 시간 속에서 우린 드디어 감성에 도달했는가. 그래서 우린 달라졌는가. 나만의 다름을 찾아냈는가. 머릿속을 런웨이 삼아 줄지어 걷는 잡다한 생각들을 지우기 위해 난 오늘도 과년호 패션 잡지 속 모델들을 가위질한다.

윌리엄으로부터

 시애틀의 래그타임이 시작됐다. 시간의 규칙이 이때만큼은 발을 끌었다 잡기를 반복한다. 좀 더 똑바로 걸을 순 없냐고 타박해도 소용없다. 또박또박 걷기보단 찌그러지고 울퉁불퉁한 쪽을 택하는 것이 더 수월하기 때문이다.
 이른 아침, 겨우 일으킨 몸이 낮은 기압 탓에 발을 끈다. 날카로운 빗방울이 천장에 밤새도록 따발총을 박아 넣었기 때문에 세상은 이미 부옇게 일그러져 있다. 밤은 래그rag보단 버그bug에 가깝다. 오후 4시만 되면 벌써 방 안으로 어둠이 기어들어 온다. 인공지능 비서는 이 풍경 속에 홀로 분초사회를 실현한다.

그래서일까, 사람들은 모두 발이 흐릿한, 우아한 유령이 된다. 윌리엄 볼컴의 음악에 맞춰 다들 '여기 들을 만한 사연이 있어요', 라며 손짓한다. 그 사연들을 다 들어줄 수 있다면 참 좋으련만. 마침 씁쓸한 커피향이 그들의 목구멍을 묵직하게 막아선다. 또한, 서북부 해안은 건너편 섬이 보이지 않을 정도로 해무가 짙게 깔려 불필요한 목소리를 두껍게 덮는다.

누군가는 시애틀의 이 계절을 으슬으슬한 공기와 도무지 입꼬리가 올라가지 않는 우울감으로 설명하려 하겠지만, 그건 아직 비에 대해 잘 모르기 때문이다. 윌리엄 볼컴이 윌리엄 블레이크의 시에 두근거렸던 건 그들이 태어나고 자란 시애틀과 런던이란 도시가 비를 말하기에 능숙한 곳이기 때문은 아니었을까.

유사한 영감은 그 둘의 표현 방식에서 드러난다. 블레이크는 시와 그림의 경계를 찌그러뜨려 래그타임을 걸었다. 그래서 그건 입체감을 얻어 걷기 쉽지 않은 길이 됐다. 반드시 발을 끌며 변주해야 한다. 볼컴은 블레이크의 시를 음악으로 만들어 보고자 했다. 하지만 그는 작업을 위해 자기만의 창작된 걸음걸이가 필요했다. 그래서 클래식과 대중음악의 경계를 찌그러뜨려 또 다른 래그타임을 걸었다. 이제 그 둘은 함께 두 손을 잡고 무도회장을 빙글빙글 돌고 있다.

창작은 늘 협업에 능했다. 살롱에 비처럼 쏟아지던 생각들은 온 데 뒤섞여 문학과 미술, 음악, 과학, 철학, 정치를 창작했다. 비의 속성이 그렇다. 예측할 수 없고, 막을 수도 없다. 우리의 시야를 가리지만 대신 눈에 보이지 않는 것을 보게 한다. 가기 쉬운 길은 아니어도 남들이 가보지 못한 새로운 길을 만들어 낸다. 거기에 절벽 같은 경계를 완벽하게 뭉개버리는 재주까지 있다.

문학상에 잇단 AI침투… 챗GPT 협업으로 수상. 뉴스 제목이 거실로 끌던 내 발을 멈춰 서게 했다. 다시 채워진 커피잔에 건조한 입술을 갖다 댄다. 에티오피아 커피 특유의 산미가 입안에 침이 고이게 하지만, 뱃속에 들어

가선 울퉁불퉁한 위벽을 박박 긁는다. 속이 쓰리다.

　사람과 사람의 협업엔 관대하던 마음이 입을 열어 쉼표와 물음표들을 쏟아낸다. 사람과 인공지능과의 협업이라니. 밥그릇 뺏긴 우리집 강아지처럼 온몸의 털이 곤두선다. 올 것이 왔다는 생각과 그것이 내민 손을 잡아야 하는지에 대한 고민이 뒤섞여 머릿속은 금세 엉망이 된다.

　혁명의 시대를 살았던 블레이크가 그곳에서 순수의 영역인 예술을 도구 삼았다는 건 바로 이런 것일까. 합쳐지지 못할 것 같은 문학과 인공지능이라니. 우린 과연 이 변화의 폭우 속에서 역설적인 아름다움을 끌어낼 수 있을는지. 그래서 그것을 하나의 장르로 창조할 수 있을는지.

　어쩌면 난 발을 끄는 까닭에 이미 다른 사람보다 늦은 건지도 모른다. 이 계절이 원하는 인재상은 사이보그로 변한 윌리엄일 수도 있겠다. 볼컴과 블레이크보다 더 진보한 형태의 사이보그 말이다. 그럼 우린 그를 어떤 윌리엄이라고 부를 수 있을까. 아무리 협업에 능한 윌리엄이라 할지라도 이런 시대는 예상하지 못했을 것이다. 하지만 그것을 변명 삼기엔 내 발을 끄는 습관은 이 계절에 지나치게 굳어져 있다.

이곳 사람들은 맑은 날을 제대로 즐기지 못한다. 처음엔 잠시 좋았다가도 더운 공기가 온몸을 둘러싸면 이내 하늘을 올려다보며 말한다. "비는 또 언제 오려나?" 다른 지역에서 온 사람들은 이해하지 못하겠지만, 우리는 그만큼 비를 사랑한다. 시애틀의 공기는 청량하다. 그냥 맑은 공기가 물 같다면, 시애틀의 공기는 탄산수 같다. 비에 씻겨 티끌 하나 머금고 있지 않은 상쾌한 공기. 그래서 비 온 다음 날은 서로 이렇게 인사를 건넨다. "아, 이제 좀 살 것 같죠?"

한 시대의 열기가 사라지고, 다음 시대가 오려면 비가 와야 한다. 정체된 열기는 숨쉬기 답답하니까. 시대의 폭우가 쏟아진다. 앞이 보이지 않는다. 이런 빗속을 또 박또박 걷긴 쉽지 않다. 그래서 볼콤은 래그타임을 선택했을지도 모른다. 시간을 찌그러뜨려 리듬을 만든다. 빗줄기는 세상 모든 경계를 지운다. 상상력과 편견까지도

싹 다.

비가 그치고, 래그타임도 끝났다. 젖은 땅 냄새는 새로운 윌리엄의 잉태를 알리며 코끝을 알싸하게 한다.

박보라
《수필과비평》수필 등단, 《월간문학》소설 등단
저서 | 수필집 《나는 위험한 상상을 한다》

2024년 제6회
| 베스트에세이 10選 |

그 골목의 필경사들 외 2편

안 희 옥
aaho5729@hanmail.net

　이 골목엔 오래된 필경사들이 산다. 날마다 골목을 베끼는 것들, 호프집은 호프집을 베끼고, 북경반점은 북경반점을 베끼고, 세탁소는 세탁소를 베낀다. 낡아가면서 따뜻해지는 것들 중에 골목만한 것이 또 있을까. 날마다 반복되는 문장 사이를 걸어 오늘도 집으로 돌아온다.
　흑백사진 같은 풍경의 양쪽으로 회색 건물들이 빼곡히 들어차있다. 골목 입구에는 하루를 마감하려는 듯 포장마차가 불을 밝히고, 찐빵가게와 세탁소, 아동복가게,

미장원 등이 어깨를 맞대며 늙어간다. 사람 한 명이 간신히 들어갈 만한 대문 앞에는 우편물이 나뒹굴고 담벼락 아래엔 누군가 버리고 간 슬리퍼 한 짝도 놓여 있다. 월세와 전세 쪽지가 너풀대는 전봇대 뒤로 길고양이가 재빨리 모습을 감춘다. 골목 끝 언덕을 오르면 내가 사는 연립아파트다.

도회지에서의 첫 살림집을 마련하느라 부지런히 발품을 팔았다. 산뜻한 보금자리를 꿈꿨지만 적은 돈으로 구할 수 있는 집은 한정되어 있었다. 변두리 큰길가 모퉁이를 돌아가니 오르막길이 시작되었고 그곳엔 고성固城처럼 허름한 아파트들이 다닥다닥 붙어 있었다. 지은 지 수십 년이 되어 곧 재개발에 들어갈지도 모른다는 소문으로 뒤숭숭한 그곳에 새 거처를 마련했다. 썩 내키진 않았지만 그나마 근무지로 이어지는 편리한 교통이 마음을 다독거려 주었다. '돈을 모아 얼른 여기를 벗어나야지' 그렇게 다짐하면서.

골목 입구엔 찐빵가게가 있다. 젊은 부부가 어린 애를 데리고 장사를 하고 있었다. 퇴근길에 그 앞을 지나노라면 가뜩이나 시장기 도는 배에서 체면 없는 소리가 새어 나왔다. 일하는 아내 등 뒤로 다가가 밀가루 묻은 손으로 아이를 받아주는 남자의 얼굴엔 미소가 번졌다. 길가에 내놓은 찌그러진 찜 솥 위로 모락모락 오르는 김을 바라보며, 내 삶도 저처럼 어느 한 순간 둥글고 따뜻하게 부풀어 올랐으면 좋겠다는 생각을 했다.

조금 더 안쪽으로 들어가면 소망 식료품가게가 있다. 영천 댁이 주인이다. 서분서분한 성격에 가게 안은 늘 사람들로 북적거렸다. 콩나물 천 원어치를 사도 우수로 한 움큼 더 얹어줄 만큼 인심이 좋다. 살림살이에 서툰 나에게 친정어머니처럼 살갑게 이것저것 가르쳐 주었다. 일가친척 하나 없는 외지에서 그나마 뿌리를 내릴 수 있었던 것은 그녀의 서그러운 마음씨 덕분이었다. 휴일이면 자주 식료품가게에 앉아 함께 해바라기를 했다.

맞은편엔 중년부부가 운영하는 세탁소다. 금슬이 좋기로 근방에 소문이 자자했다. 내가 이사 오고 일 년쯤 지난 늦가을, 문이 굳게 닫혔다. 중병을 앓던 아내를 먼

저 보내고 그 충격에 술로 세월을 보낸다고 누군가 넌지시 말했다. 그 뒤 이웃 사람들 보살핌으로 두어 달 만에 가게를 열었다. 세탁소 앞을 지날 때면 다리미가 예전처럼 하얀 입김을 뿜으며 구겨진 옷을 다렸다.

가장 햇볕이 잘 드는 곳엔 구두수선점이 있다. 육이오 동란에 참전했다가 파편에 맞아 한쪽 다리를 절뚝거리는 할아버지가 수선을 했다. 낡은 녹음기에서 흘러나오는 군가를 흥얼거리며 어깨를 들썩이는 모습엔 언제나 활기가 넘쳐났다. 시내 구둣방에서도 고개를 절레절레 흔들던 내 분홍샌들을 감쪽같이 새 것으로 변신시킬 만큼 솜씨가 뛰어났다. 소문 때문인지 몇 평 구두 방엔 헌 신발들이 언제나 빽빽하게 줄지어 서서 차례를 기다렸다.

골목에는 악다구니와 지린 오줌냄새와 깨진 연탄재가 서로 뒤엉키며 살아가고 있었다. 마치 그것들 중 하나라도 없으면 골목이 되지 않는다는 듯. 하루가 멀다 하고 들려오는 싸움 소리를 자장가 삼아 잠이 들었다. 삶을 완성하는 것은 어쩌면 크고 육중한 것이 아니라 작고 이름 없는 것들인지도 모르겠다. 슬프고 눈물 나고 웃고 토닥거려주는 그런 사소함이 세상을 따뜻하게 만들어 가는지도.

 녹슨 베란다에 기대어 골목을 내려다보는 것을 좋아했다. 때로 늦게 귀가하는 남편을 기다리기도 했지만 어두워지는 동네를 바라보노라면 말로 표현할 수 없는 아늑함 같은 것이 밀려들었다. 밤이 깊어 가면 창문마다 하나, 둘 불빛들이 잠들고 골목은 조금씩 소실점 너머로 사라지고 있었다. 구두수선 가게와 세탁소와 북경반점에는 일찍 불이 꺼졌다. 호프집과 통닭집과 포장마차에선 늦은 시각까지 불빛이 새어나왔다. 가로등 아래로 벚꽃 잎이 난분분 떨어지는 봄날이 가장 좋았다. '솜털 같은 저 꽃잎이 부초처럼 살아가는 사람들의 고단한 잠을 포근하게 덮어준다면 얼마나 행복할까?' 그런 생각을 자주 했다.

 어느 날이었다. 남편이 출장 간 사이, 밤늦어 둘째아이가 갑자기 경풍으로 의식을 잃었다. 다급해진 나는 영천 댁에게 도움을 청했고 뒤이어 통닭집 아저씨가 헐레

벌떡 도와주러 왔다. 아이를 들쳐업고, 구급차를 부르며 정신없는 나를 대신해 그들이 모든 일을 처리해 주었다. 그때 일을 생각하면 지금도 아찔해진다. 다행히 일찍 병원에 가게 되어 큰일은 면할 수 있었다.

골목은 이제 점점 벼랑 끝으로 밀려나고 있다. 이웃 간 정감이 넘치는 공간들이 사라지고 초현대식 건물들이 들어선다. 밀려나지 않으려 발버둥을 쳐보지만 중과부적이다. 편의점과 학원과 대형마트가 우후죽순 그 자리를 차지한다. 불과 몇 년 사이에 이뤄진 변화에 못 이겨 몇몇 사람들은 다른 곳을 찾아 떠났고 더러는 귀향을 하기도 했다. 금방 떠날 것 같았던 나는 떠나지 못했다.

골목은 날마다 골목을 반복했다. 자세히 들여다보면 어제와 닮은 듯 어제완 달랐고 어제가 아닌 듯 어제를 닮았다. 오늘도 포장마차와 찐빵가게와 북경반점과 소망식료품과 세탁소를 지나온다. 가벼운 목례 너머로 서로의 안부를 물으며. 서툴렀던 삶 몇 개는 쉽게 들키기도 하면서.

이젠 허리가 구부정해진 저 필경사들에게 돋보기안경

이라도 씌워줄까. 그러면 삐뚤빼뚤한 문장들도 잠시나마 가지런해질 텐데. 가로등 깜빡거리는 언덕을 오르며 오늘도 나는 나를 베낀다.

마디

 하늘로 쭉쭉 뻗은 대나무의 기상이 옹골지다. 미끈한 몸매에 둥근 테를 두르고 서 있는 모습이 흡사 초록 옷을 입은 병사들의 열병식을 방불케 한다. 이따금 간들바람이 푸른 대숲을 훑고 지나간다. 무성한 댓잎 사이로 햇살이 신기루처럼 일어나 눈이 부시다.
 굵은 대나무가 길을 가로막는다. 두 손으로 감싸 쥐니 손안에 가득 찬다. 매끄러운 줄기 사이, 마디가 껄끄럽다. 볼록한 부분은 특별히 다른 곳에 비해 단단하고 힘이 있다. 대나무는 기후가 나쁘거나 수분이 부족할 때 성장을 멈추고 힘을 모은다고 한다. 이때 생기는 것이 마디다. 성장판을 닫고 힘을 비축한 뒤 기회가 되면 다시 커간다. 이런 과정을 되풀이하면서 휘지 않고 곧고 높이 자랄 수 있는 것이다.

아들 귀한 집안의 다섯째 딸로 태어난 여동생은 그 아래로 남동생이 태어나자 다른 형제들에 비해 귀한 대접을 받았다. 할머니는 터를 잘 팔아 대를 잇게 해 주었다며 동생을 추켜세웠고, 잘못된 행동을 해도 크게 나무라지 않았다. 할머니의 특별한 사랑 때문인지 동생은 어릴 때부터 고집이 세고 자기주장이 강했다.

대나무가 한창 클 때는 한 시간 동안 자라는 속도가 삼십 년간 자라는 소나무 속도와 맞먹는다고 한다. 생장점이 많기 때문이다. 우리가 흔히 접하는 대부분의 나무들은 줄기 끝에만 생장점이 있는데, 대나무는 마디마다 생장점이 있다. 그러나 줄기의 벽을 이루는 조직은 엄청나게 빨리 늘어나는 반면 내부 성장은 느려서 속이 텅 비게 된다.

조실부모하고 사고무탁한 청년과의 결혼을 집안에서 극구 반대했지만 동생의 고집을 꺾을 수 없었다. 모두들 아무 탈 없이 잘 살아 주기만을 바랄 뿐이었다. 하지만 가족의 걱정은 기우였다. 동생의 결혼생활은 순탄했다. 제부의 사업은 승승장구했고 상류층 사람들과 친분을 쌓으며 자신의 영역을 넓혀 나갔다. 이 곳 저 곳 모임에서 익힌 세련된 매너와 옷차림에 자매들은 모두 부러워했다. 생활의 여유가 있으니 친정 식구들에게도 여러모로 도움을 주었다.

대나무 마디는 멈춤을 뜻한다. 중간에 잠시 쉬었다가 다시 자라면 더 쑥쑥 큰다. 대나무만의 특징이다. 중간에 마디가 형성되는 시기는 유난히 더디다. 그러나 그 마디들이 없다면 가늘기만 한 나무가 그렇게 높이 자랄 수 있을까. 잠시 정지해 있는 듯 보이지만 그건 앞으로 나아가기 위한 준비의 시간이다. 멈춤이 없다면 진정한 성장도 없다는 교훈을 대나무의 마디에서 얻게 된다.

언제까지나 이어질 것 같던 동생네의 행복이 암초에 부딪혔다. 기다리던 둘째 조카의 탄생을 가족 모두가 기뻔한 것도 잠시, 의료진의 불찰로 그만 하늘나라로 보내고 말았다. 온 세상을 다 가진 듯 넘치던 행복들이 연기처럼 사라져 갔다. 아이를 지켜주지 못했다는 죄책감으로 가슴에 피멍이 들면서 동생의 인생에 굵은 마디 하나가 생겼다.

설상가상으로 거침없이 질주하던 제부의 사업이 IMF를 맞으면서 또 한 번 위기를 맞았다. 무리한 사업 확장은 곳곳에 빚을 남겼고, 끝까지 지키려고 했던 집마저 경매에 넘어갔다. 하루아침에 길가에 나앉은 신세가 되고 말았다. 어려움을 모르고 자란 터라 새로운 생활에 적응하기란 쉽지 않았다. 월세 단칸방에서 온 식구가 하루하루를 힘겹게 연명해 나갔다. 생활의 여유가 없다 보니 부부간 갈등도 심해 연일 큰소리가 담장을 넘었다. 사춘기에 접어든 큰아이도 점점 밖으로 나돌았다. 삶은 나날이 피폐해져 갔다.

혼다의 창업자 혼다 소이치로는 휴식을 '대나무의 마디'와 같다고 말한 바 있다. 마디가 있어야 대나무가 성장하듯, 사람에게도 쉼이 있어야 강하고 곧게 성장할 수 있다는 의미다. 드럼통은 최초, 표면에 아무런 굴곡 없이 매끈했다고 한다. 이 때문에 작은 충격이나 굴릴 때 쉽게 찌그러졌다. 누군가 대나무 마디에서 아이디어를 얻어 드럼통 옆구리에 테두리를 넣었더니 강도가 네 배나 강해졌다.

시간이 약이라 했던가. 지옥 같던 고통도 조금씩 사그라질 무렵, 새로운 생명이 태어났다. 예쁜 딸이었다. 아이는 동생네의 희망이었다. 딸이 태어나고부터 신기하게도 살림살이가 나아지기 시작했다. 집안에 다시금 웃음이 찾아왔다.

그것도 잠시, 잘 자라던 아이가 초등학교 2학년이 끝나갈 무렵, 뇌종양이란 큰 병에 걸렸다. 청천벽력이었다. 하늘을 원망하며 속울음을 삼키는 동생을 보는 것만으로도 가슴이 내려앉았다. 강단 있고 패기 넘치는 모습은 어디에도 찾을 수 없었다. 죽음보다 더한 고통을 받고 있던 동생을 단단하게 버틸 수 있게 한 것은 바로 엄마라는 이름이었다. 아이를 위해 대나무처럼 마음을 비우고 낮은 자세로 임했다. 조그마한 일에도 감사하고 인

내하는 삶을 살았다. 그러자 아이의 병도 조금씩 나아져 갔다.

시원스레 하늘로 솟구친 대나무 숲은 보이는 것이 전부가 아니다. 죽순이 돋아나고 성장할 때까지 대나무는 그 음습한 땅 속에서 수년 간 뿌리를 단단히 내린다. 뿌리가 깊기 때문에 쉽게 쓰러지지 않는다. 속이 빈 채 커나가는 대나무로서는 반드시 필요한 인고의 세월이다.

대나무는 허허실실이다. 내부가 빈 것이 허라면 밖이 단단한 것은 실이다. 속은 허술해 보이지만 오히려 그것 때문에 더 강하다. 안을 비워 내지 않으면 단단한 마디를 만들 수 없다는 걸 가르쳐준다. 삶도 마찬가지가 아닐까. 순탄하게 잘 흘러가다가 어느 순간 시련이 닥치곤 한다. 시련은 곧 마디다. 넘어지면 실패가 되고 말지만 그것을 극복하면 승화가 된다. 고통은 크고 강하게 되기 위한 일종의 통과의례다. 작은 일에도 쉽게 절망했던 나의 나약함에 대해 반성한다.

마디를 가만히 만져 본다. 매끄러운 몸통에서 따뜻함이 느껴진다. 믿음직스럽게 자리잡은 마디 사이로 봄기운이 가득하다. 대나무 숲 사이로 환하게 웃는 동생의 얼굴이 떠오른다.

청에 젖다

 소리를 따라 새떼가 날아오른다. 천변의 갈대들은 중모리로 춤을 추고 만추의 은행잎이 꽃비처럼 흩날린다. 허공으로 흩어졌다 다시 모이는 소리가 강물처럼 유장하다.
 강이 바라보이는 정자에서 대금연주가 한창이다. 가랑비 내리는 궂은 날씨에도 소리에 취해 하나둘 모여 든 사람들로 여남은 평 되는 마루가 빼곡하다. 끊어질 듯 이어지는 애절한 소리에 듣는 이의 가슴도 함께 저릿해진다. 무無의 공간을 꽉 채운 그의 팔색조 소리엔 무어라 형언할 수 없는 한이 서려 있다.

대금에는 바람을 불어넣는 취구와 음정을 나타내는 여섯 개의 지공이 있다. 취구와 첫 번째 지공 사이에 난 구멍이 청공이다. 이곳에 떨림판 역할을 하는 청을 붙이는데, 갈대 속의 얇은 막을 뽑아내어 만든다. 청은 대금의 소리를 더욱 신비하고도 생명력 있는 소리로 만들어내는 중요한 기능을 한다.

'우리 가락 감상 동아리'에서 그를 처음 만났다. 소탈하면서도 유쾌한 성격인 그는 재치 있는 입담으로 분위기를 이끌었다. 대학 다닐 때부터 국악에 관심이 많아 연주활동을 하였으며 특히 전통 악기에 남다른 애착을 가지고 있었다. 장단이나 소리에 익숙지 않은 회원들에게 차근차근 설명해주며 우리 가락을 쉽게 이해할 수 있도록 도와주는 청 같은 존재였다.

청은 음력 오월 단옷날을 기준으로 약 일주일가량 채취한다. 갈대 속에 수분이 충분히 올라와 뽑아내기 쉽기 때문이다. 아랫마디의 것이 두껍고 윗마디로 올라갈수록 얇아진다. 얇은 것은 청소리가 쉽게 나기 때문에 산조대금에 붙여 사용하고, 두꺼운 것은 주로 정악대금에 사용한다. 어렵게 채취한 청은 뜨거운 김과 찬김을 번갈아 가며 쏘여야 적절한 탄력이 생겨 맑은 소리를 만들어 낸다.

소리나 악기에 문외한인 나는 다른 사람들보다 익히는 속도가 느려 이것저것 그의 도움을 많이 받았다. 소리의 빠르기, 음의 고저장단도 잘 모르던 내가 부드러우면서 달콤하고, 따뜻하면서도 그윽한 소리의 매력에 흠뻑 빠질 수 있었던 것은 순전히 그의 덕택이었다. 연배가 비슷한 우리는 친구가 되었다. 매사에 열정적이면서 겸손했으나 술 한 잔에 허허롭고 시린 마음을 쏟아내기도 했다. 무심한 듯 내뱉는 이야기 속엔 언뜻언뜻 외로움이 내비쳤다. 사람의 삶은 겉모습으로 보이는 것만이 전부가 아닌 듯싶었다.

평온하던 그의 가정에 먹구름이 끼기 시작한 것은 결혼 후 십여 년이 지나면서부터였다. 활동적이어서 바깥일에 분주한 아내와 다정다감하며 가정적인 그의 성격은 곳곳에서 부딪치며 충돌했다. 청은 얇아서 따로 봉투나 주머니에 보관하지 않으면 작은 힘에도 잘 찢어져 항상 조심스럽게 다루어야 한다. 일교차가 심한 봄 날씨처럼 서로의 상처를 보듬지 못한 부부 사이에 조금씩 금이 생기기 시작했다.

상대편 의견을 존중하기보다 각자의 생각을 고집하다 보니 틈은 점점 벌어져 갔고 결국 이별이라는 극단적인 선택을 하고 말았다. 삶의 버팀목이었던 그의 이혼은 부모의 가슴에 대못으로 자리잡았다. 아내가 떠나간 후 남겨진 남매를 끌어안은 그의 삶은 하루하루가 고통의 연속이었다.

대금은 취구를 통해 입김을 불어넣어 기본 소리를 내고 여섯 개의 지공을 여닫아 음높이를 조정한다. 숨을 불어넣는 입술의 각도와 입김의 빠르기, 양에 따라 청의 떨림이 다르다. 무작정 숨을 빠르게 많이 넣어도 안 되고 너무 느리고 적게 넣어도 안 된다. 호흡과 입김을 일정하게 유지한 상태에서 입술의 각도를 바꿔 가며 연주해야 한다. 청은 아무 음에나 울리면 천박스럽고 너무 울리지 않으면 답답하다. 저음부에서는 부드럽고 중음부에서는 맑으며, 고음부에서는 시원하고 장쾌한 소리가 나도록 숨을 조절해야 한다. 음계에 맞추어 호흡에 집중하면서 부단한 연습을 통해 숙달해야 심금을 울리는 소리가 나는 것이다.

청이 제대로 된 소리를 낼 수 있는 것은 떨림에 있다. 떨림이 없다면 결코 좋은 소리를 얻을 수 없다. 그도 마찬가지였다. 한쪽 날개가 꺾인 아들을 바라보며 상심한 어머니는 급기야 뇌졸중으로 쓰러졌고, 아버지마저 지병이 악화되어 병원에 입원했다. 두려움 가득 찬 눈빛으로 바라보는 어린 자식들의 흔들리는 눈망울과 주변의 따가운 시선은 그를 조금씩 절망의 늪으로 밀어 넣었다. 몸과 마음을 짓누르는 떨림을 오롯이 혼자 견뎌냈다.

어름사니가 합죽선으로 허공에서 중심을 유지하듯, 흔들리는 그의 마음을 잡아 준 건 청이었다. 감당할 수 없는 불안과 비참함이 달려들 때 젊은 시절 불던 대금을 손에 쥐었다. 꺼이꺼이 소리 내어 울지 못한 사연들은 청을 떨며 허공으로 날려 보냈다. 끊임없이 일어나는 번

민과 갈등, 눈물과 고뇌들이 소리에 섞여 조금씩 내려앉기 시작했다. 혼자 끙끙거리며 힘들었던 순간을 숨에 실어 내뱉으면 마음이 평온해지고 힘이 났다.

시간은 물처럼 흘러갔다. 마음 한구석에 늘 죄송함으로 남아 있던 양친도 편안한 안식을 얻어 떠났고, 홀로 키운 아이들도 잘 자라 제자리를 찾아갔다. 마음의 평안을 찾은 그는 자신처럼 힘든 삶을 사는 다른 사람들에게 희망을 들려주려 했다. 대금연주회는 그런 취지로 해마다 갈대꽃이 만발한 늦가을에 열린다.

지천명을 넘긴 세월이 주마등처럼 지나간다. 편안한 삶 속에서 행복한 노래를 부른 적도 있지만, 절망과 고통으로 감당하기 힘든 때도 많았다. 모든 것을 포기하고 눈을 질끈 감아 버리고 싶을 만큼 막다른 골목에 이르기도 했다. 하지만 순간순간 일어나는 삶의 떨림을 참고 견디다보니 조금씩 용기도 생기고 인생을 살아가는 지혜도 터득했다. 욕심도 두려움도 상처도 하나씩 내려놓으니 강의 하구처럼 잔잔해졌다.

청아한 울림이 사방으로 흩어진다. 음색은 한없이 가

녀리다가 금세 호쾌해지고, 구슬프게 울다가도 웅혼하게 살아 숨 쉰다. 지공 위로 손가락이 넘나들고 들썩이는 팔꿈치에 음들이 파동을 친다. 진양조의 부드럽고 은은한 소리가 중모리와 중중모리를 거쳐 자진모리로 변하는가 싶더니 폭발하듯 장쾌한 소리로 바뀐다. 희로애락이 묻어나는 연주에 좌중에선 절로 탄성이 흘러나온다.

소리는 다시 진양조가 되고 연주는 끝이 났다. 그가 밝은 웃음을 머금고 관객들에게 인사를 한다. 대지는 가을비에 젖어 촉촉해지고 소리에 젖은 내 마음도 어느새 고요해진다.

안희옥
2017년 공무원문예대전 수필부문 〈봉노〉금상
2018년 천강문학상 수필부문 〈청에 젖다〉우수상
2019년 영주일보 신춘문예 〈마디〉당선

**2024년 제6회
| 베스트에세이 10選 |**

환상 호흡 외 2편

이 제 우
ljwoo16@hanmail.net.

봄은 새색씨 기척처럼 왔다. 벌써 이레째, 부등깃 같이 포근한 날씨가 이어진다. 산이 무릎을 세워 겨우 들어앉은 도린곁. 해발값 사백여 미터인 주봉主峰에서 가위 벌림으로 벋은 산이 남향받이 스무 가옥을 감싸 안은 곳이다. 길은 숲으로 스며들 듯 끊겨져 지도가 말을 잃은 여기에도 봄은 만연하다. 붓끝이 기지개를 켜고 돌에도 촉이 돋으려는 쾌청한 봄날. 조각보 같은 논밭을 청보리가 들어올리기 시작한다.

간밤엔 비가 별조차 뽀득뽀득 씻어놓고 다녀갔다. 새 맑은 식후의 아침, 산펀더기에 마을 사람 몇몇이 이슬처럼 맺혀 있다. 친구 한재도 보인다. 어린 햇살이 아장아장 걸음마를 배우는 이랑에 거름질을 한다. 거름 탐이 심해서 푹신 깐다. 불과 한 마지기에 붙매여 살아온 지가 꽉 찬 육 년. 산출물의 대부분은 자식들 차지지만 나름대로의 보람과 재미를 깨친다. 우리 저이의 몸을 지탱해 주기 위한 방편은 숨겨 두고.

　마을 위뜸엔 우리 두 집이, 다른 이웃과는 팔매질 거리로 떨어져 있다. 뒷집엔 친구 내외가 산다. 처음에는 그네를 성호 엄마, 성호 아빠라 불렀다. '한재' 마을이 친정인 한재댁의 택호를 따서 친구더러 한재라 한다. 나와 여기서 태어나 군대에까지 같이 다녀온 맞춤친구다. 대처에 나가 있는 동안, 집이며 농사며 벌초까지 우리 일을 띠앗처럼 꿰차고 돌봤다. 아들 성호가 있긴 했으나 자기네 지붕을 개량하다가 한창 나이에 떨어져 죽은 지 오래다. 며느리는 하나뿐인 손녀를 데리고 어딘가에 재취로 들어간 것 말고는 더 알 길이 없다.

지난밤에 그 아들 제사였다며 점심은 한재네에서 먹는다. 두 집이 마루 위 두레상에 앉았다. 안다미로 담은 제찬에, 향그런 봄나물까지 똑따먹게 차렸다. 거섶에 밥을 비벼 후려 먹는다. 잘난 음식은 아니지만, 입이 맛을 움켜쥐고 혀를 농락한다. 수저가 속도감을 가진다. 씹을수록 밥맛이 극락이다. 도란도란 웃음까지 젓가락질한다. 집에서는 맛이 폭탄인 음식도 맛있다고 해댄 헛소리가 아니다. '세상 맛의 종류는 모든 어머니 숫자와 같다.' 하시던 아버님 말씀이 새롭다.

　이를 후비러 홰기를 구한다. 개나리가 노랗게 숨넘어가는 뒤울 아랫니다. 우리 집 백구와 이 집 암캐가 이 백낮에, 아무도 가르쳐 준 바도 없는 초야의 부끄러움을 치르고 있다. 턱짓으로 한재를 오랬다. 낌새를 채고 다 모였다. 다들 민망스러워 흘깃 보고 물러난다. 걸쭉한 웃음을 베물은 한재가, "우리 사돈됐네." 라며 앞소리를 메기고, "참 개사돈 됐네." 라며 저이가 뒷소리로 받아넘긴다. 한재댁은, "잔치날 음식이 이.래.가 되.겠.능.교." 하는 어눌한 겸사를 한다. 말 속에 보이지 않는 점을 딛고 집으로 온다.

  한재와 소주 한 병을 눕혔더니 알알하다. 낮잠을 한숨 붙인 뒤 마루에 나왔다. 부옇게 버캐진 바람벽의 거울을 본다. 입은 비뚜러지고 머리 모양새는 봉두난발이다. 맷돌보다 무거운 걸음을 놓아 밭으로 간다. 밭들도 붙었다. 두 밭 살피에 앉아 있는 한재가 멀찍이 보인다. 언제 나왔냐고 물어도 "응!" 할 뿐 고개만 떨구고 있다. 옆에 앉아 얼굴을 살핀다. 눈알이 발갛다. 눈가의 물기를 감추려고 허둥댄다. 누가 부부가 아니랄까봐! 손님이 오면 차릴 게 없어 허둥대며 우리 집에 달려오던 한재댁 형세다.

  아무리 어려워도 내색하지 않던 한재. 버겁고 힘든 일이라도 자기 몫이라 생각하던 친구가 조금씩 달라져 간다. 일을 하다가 빼마른 목을 자주 헐근거린다. 점심 후, 우리가 나온 뒤 몇 잔을 더 꺾었단다. 아들에 대한 마음의 상처가 호되고 깊었나보다. 몸이 풀려 힘꼴깨나 쓸 모퉁이 하나 없어 보인다. 그래도 일손이 애터지게 느린 나보다야 낫다. 온몸의 뼈를 추켜세우며 둘은 일어선다. 둘은 자기 밭에 돌아와 일손을 다잡는다. 허리가 아파도 핏기가 가시도록 입술을 깨물고 홑되게 버틴다. 햇볕 한 벌을 덧입은 등골은 땀에 젖어, 불개미가 기어가듯 따갑다.

어제와는 달리 하늘이 먼지를 틀듯 뿌옇다. 희미한 도장밭 같은 해가 설핏 기운다. 밭을 벗어나 집을 향한다. 마을 초입의 둥구나무 솔개그늘에 앉아 쉰다. 정수리에 뭔가가 떨어져 착 달라붙는다. 선득한 이물감을 손으로 움킨다. 멧비둘기가 물찌똥을 지렸다. 닭이 알겯는 소리처럼 골골거리는 빨래터에 급히 간다. 오물 부위를 씻는다. 까르르 물러나는 물살에 햇살은 꼬리를 친다. 물주름을 몰고 가던 오른손으로 윗도리 아랫자락을 당겨 머리를 훔친다. 물거울에 저이가 얼비친다. 몸뻬바지에 등허리 살 다 드러내고 어른거린다. 주어도 모자람 뿐인 나와의 만남이 마흔하고도 여섯 해. 평생을 손톱이 빠지게 최선을 다했으나 사는 길은 산밭처럼 가파르다.

해 질 무렵이 다가온다. 저이는 저녁밥을 지을 테지. 지난날을 돌이킨다. 밥물을 잡던 그 고운 손이, 북두갈고리손이 되도록 억척으로 살아온 것만 같다. 저 손으로 분초를 꼬집어 살아 왔다. 돌아가신 어머니는 당신의 손을 꼭 쥐고 태어난 모습이라 좋아하시던데. 시장에 나가도 멍 앉은 과일을 몇 번째 들었다 놓았다 하시던 당신 손의 형용까지 닮았다 하시면서……. 하지만 저이는 성한 몸이 아니다. 산채로 소금에 절여지는 쓰라린 아픔을 겪었다. 큰 수술 후 고집을 세워 일부러 여길 데리고 왔다. 식습관에서부터 생체시계까지 그에 맞추기 위해서다. 자칫한 힘부림에도 동티가 날까 봐 일이라면 뭐든 밀막는 편이다. 그러나 몸을 사리지 않아 얄밉다.

산골의 밤은 통곡처럼 깊어간다. 통증을 모시고 사는 듯 '아이고!' 하며 몸을 누이는 저이가, "이느므 일 안 하마 안 되나." 또 불어터진 소리다. "당신, 오늘 땀 흘리지 않으면 내일 눈물을 흘린다는 말 알아 몰라." 응대도 없이 티브이의 볼륨만 높인다.

저이가 잠든 한참 뒤일 거다. 노루잠이 들었나 보다. 드릴로 벽을 뚫는 소리에 놀라 깬다. 옆에서 목숨껏 코를 고는 소리다. 소리를 잡으러 어깨를 흔든다. 반동을 붙여 돌아눕는 저이의 몸속에서 돌 구르는 소리가 난다.

통증과 엎치락뒤치락하던 그때가 스쳐간다. 요의가 잦아 마당가에 나온다. 오줌발을 세운 계곡 물소리가 적막을 찢고 있다. 한재네 티브이 불빛이 문살을 발기는 자정쯤이다.

 밤잠을 설친 탓이다. 늦은 아침을 물리고 나와 밭이랑을 짓는다. '이느므 일 안 하마 안 되나.' 하는 환청에 허리를 펴고 귀를 턴다. 산녘 부모님 묘소를 향해 손을 모은다. 사그러지는 저이를 잡아달라고 간구한다. 저어도, 저어도 나아가지 않는 삶이 물차도록 답답하다. 앞으로 얼마를 어떻게 살아낼까. 한재네와 하늘의 부름을 들을 때까지 여기 사랑치고 살리라는 내 꿈이 매몰차게 뽀개지려 하는 순간이다.

 멧비둘기 두 마리가 고랑 끝 산수유에 날아든다. 휘추리와 애채에 앉아 제 울음에 제 고막이 터지도록 겨끔내기로 울음을 쏟는다. 계곡물도 노예처럼 엎드려 운다. 잠시 눈가로 눈물이 다녀갔을까. 떨구지 않으려고 목고개를 있는 대로 젖힌다. 우러른 하늘에 몇 송이 흰구름만, 이 산골을 한가로이 벗어나고 있다.

태생목

  해마다 직화 화로 같은 더위와 매미의 장대 울음이 끝나야 여름이 간다. 하루하루는 지겹지만 숨돌릴 틈도 없이 살다보면 어느새 세월도 후딱 지나간다. 그러다 다가온 십일월. 이룬 것은 없고 이룰 것은 더 많은데 어쩌자고 하루도 낯익히지 못하고 화살촉을 탄 듯할까. 전력투구로 십일월로 뛰어드는 푸나무의 초록이 재해석되기 시작하는 간절기. 이미 초록 일변도의 산야도 지금은 단풍빛이 꼬치꼬치 스몄다.

외진 산비알. 내가 태어나던 해 할머니가 비알밭 둔덕에 태생목으로 심으셨다던 행목 한 주. 현손까지 대처로 떠나 살지만 이 은행나무만 외톨로 할머니 묘소를 지킨다. 은행나무와 장손인 나 사이는 사람만큼 각별하다. 현실적 이해를 타인의 설득없이 깨닫게 해 주는 나무. 해마다 새로운 단장으로 자신을 연출하는 섬세한 배려. 저가 바람을 맞고 온 몸으로 내게 기댈 적에, 나도 영혼 전체를 감싸 주었고, 또한 언젠가 나의 관으로 태생적인 숙명을 공유한 애착이 더욱 그러해서다.

누구든 가을엔 여기를 와 보라. 바람이 불면 어깨로 박을 세어가는 눈부신 떨림. 존재의 떨림을 섬세하고 절묘하게 표착해낸 신라금관의 영락같은 흔들림을 보라. 끓어오르는 통곡처럼, 폐부를 찌르는 진한 계면조의 성음처럼, 오래 참았던 숨을 내쉬며 상청으로 치올리는 노란 소리결의 절대음감이 초록을 추월하여, 이제 막 떠오른 햇빛 기둥이 한 마리의 거대한 용이 되어 황금빛 물비늘을 털 듯 서 있는 저 모습. 혼몽하게 착색한 생금빛

혼신.

 팍팍한 현실을 위무하는 주문처럼, 색의 독백처럼, 마음귀에 스며들도록 단걸음에 치닫는 벨텔의 취향이 저런 주조색일까. 각고면려 글을 쓰느라 물켜진 눈가를 훔쳤던 플로베르의 손수건도 저런 노랑일까. 노랑봉투에 노벨상금 전부를 넣어 버전성당에 기부한 헤밍웨이의 들키고 싶은 마음도 어쩜 저런 노랑이 아니었을까. 투명한 초가을의 섬려한 햇살 아래 눈부신 아름다움. 눈부심이란 진정 눈물의 다른 이름으로 맺힌 열매는 아닐까. 아마 녹색이 소스라치면 저렇게 아리한 감동으로 목구멍을 막겠지. 아! 저렇게 노랄 수가. 한 남자인 나의 감탄사 속에 풍성한 느낌표처럼 노란 행목이 서 있다. 잎이 저렇게 노랄 수가. 염색공장의 노련한 직공도 저런 신비스런 색을 만들 수 있을까. 노란 은행나무 앞에 느낌표처럼 모자를 벗고 서서 나무를 바라본다. 내가 나를 본다. 이 착시 현상을 비웃지 마라. 눈물은 잎에 두고 피얼룩만 쏟아놓은 단풍은 저리 가라.

촌촌면면 그 어디서든 제풀에 걸음을 멈추고 선 행목을 보라. 행목은 음표의 표기가 불가능한 색의 소리꾼, 효소의 활성도를 조절하는 색의 시인, 통한을 날려버린 색채의 천재다. 천재란 에너지 총량이 여느 사람보다 월등이 많아서가 아니고 주어진 에너지를 한 곳에 몰아쓰는 사람이듯, 휴면기라는 절대가치를 향하여 한 해의 마침표를 노랑으로 솔방 쏟아내는 웅지가 가히 천재적이다.

어떤 이기적 계산도 삿된 망설임도 없이, 마침표로 잎을 다 쏟아낸 행목들, 심심투성이인 잔가지들을 날 선 칼처럼 사방으로 뻗은 채 단지 쉼표만 취하는 이 땅의 엄첨지. 제 생애 홑이불 없이도 이 겨울 "추위쯤이야"로 자신에 차 있는 저 행목. 난 널 영원히 사랑하련다. 설사 이것이 다른이의 판단이나 희망과는 어긋나는 일일지라도 단 한 번 뿐이라는 간절함으로 껴안고 싶은 진중함은 어중 띈 푸념이 아니다. 엄동에 몸조심하거라. 집으로 내려오다 돌아서서 다시 본다. 행목의 건강한 다리가 햇빛을 받아 번들거렸다. 오히려 저가 내게 위안을 보내듯…. 그러나, 나무는 지금, 춥겠다. 나무지기 내 작은 가슴이 남.몰.래 패.인.다.

섬진강 추억

봄비가 칭얼칭얼 보채던 지난해 3월 어느날 아침이다.

전국 5대강 가운데 가장 물 맑기가 유명한 섬진강. 그 강의 하구 광양시 다압면 섬진강변은 10여만여 평의 매화 군락지가 있어 너무나도 아름답다, 강답게 생긴 강. 뭍에서 처음 봄을 맞는 그 강에 가면, 거기에 봄이 있다! 봄꽃의 향연을 벌인 매화가 있다. 40년 세월. 팍팍한 돌산을 갈아엎어 매화천국을 일군 홍쌍리씨의 청매실농원, 매화가 봄을 부르는 곳. 거기에 핀 매화를 만나야 비로소 봄이 왔음을 느낀다. 다른 곳의 매화가 꽃망울을 키울 무렵 섬진강변의 매화는 꽃멀미가 나도록 흐드러지게 피어있다. 시아버지 몰래 밤마다 밤나무를 뽑아내고 심었던 그 매화가 지금은 웬만한 마을이 되었다. 주차장에서 장독대로 오르는 길 양편에는 나이를 짐작할 수 없는 나무들이 가지마다 서성이는 봉오리와 새하얀 매화꽃을 달아놓았다.

송죽과 함께 세한삼우로 가장 먼저 피기에 매형이라 불렀던 그 매화. 거꿀달걀모양의 5장의 꽃잎 하나하나가 함성처럼 아찔하게 어우러져, 장독 3,000개가 진을 친 장독대 양편으로의 매화밭이 됐다. 정면에는 울창한 대숲. 왼편 언덕길로 올라가 모퉁이를 돌면 '진짜' 꽃밭이 기다리고 있다. 골짜기를 가득 메운 봄! 매화는 발 아래 골짜기를 흘러 넘친 뒤 산등성 위까지 뒤덮었다. 세트장이 들어서 있고, 길섶엔 영화 및 드라마 촬영지 명판이 붙어 있는 오솔길을 걷다보면 꽃들 생김새가 조금씩 다르다. 눈부시게 흰 청매, 그리고 붉디붉은 홍매. 어떤 나무는 젊고 어떤 나무는 근 백년은 살았을 성싶다. 그 나무들 아래엔 보리들이 몇 음계 낮게 새파랗게 싹을 틔워, 푸른 하늘, 흰 꽃, 진녹빛의 천상을 이루었다. 사진 찍기 딱 좋은 오솔길 모퉁이 부근 청매밭 가운데에서 아래를 내려다보고 한 컷. 사진을 찍는다.

청매밭을 내려오면서 매화를 예찬하는 김천택의 청구영언의 시조 한 수가 떠올랐다.
- 매화 옛 등걸에 봄철이 도라오니
- 옛 퓌던 가지에 피엄즉도 하다마는
- 춘설春雪이 난분분亂紛紛하니 필동말동 하여라.

매화가 피던 섣달 초순, 퇴계가 임종하던 날 아침 "매화에 물을 주어라"는 말도 잇따랐다.

세상에 나오지 않은 채, 매화를 아내삼고 학을 자식 삼던 매처학자인 송나라 임포林逋와, 탐매하느라 떨어진 꽃을 씹기까지 했었던 이율곡의 매화 사랑은, 한평생을 춥게 살아도 그 암향을 팔지 않는 자신의 처지와 심정을 대변하기 때문이었다.

스스로 흠이 없는데도 공직을 떠나서 학문과 제자 양성에 뜻을 두었던 선인들. 그야말로 매화처럼 한평생을 춥게 살았지만 향기를 잃지 않았던 우리 조선들. 아무리 힘들어도 지조를 잃지 않는 것, 그것이 옛 사람들의 정신세계였다. 그러나 요즘 우리나라 고위직에 임용되면서 각종 의혹으로 장관급만 4명이 물러나는 등의 암암한 현실이 옛날을 뒤돌아보게 한다. 이런 당혹스런 때에 일본은 독도를 죽도로 개칭하여 지도와 교과서에까지 일본 영해로 표기하는 망동을 벌인다. 동짓날 81개의 매화를 그려 창문에 붙여놓고 매일 한 송이씩 붉은 색칠을 해나갔던 옛선비들. 81일째가 되는 3월 12일 쯤이면 백매가 홍매로 변한다. 우리도 구구소한도九九消寒圖를 그리는 마음으로 '을사조약 100년, 광복 60주년인 올해. 아무런 법적 효력도 없는 무의미한 독도 영유권에 대한 일본의 월권행위를 일지매一枝梅 저 매운 훼초리로 저들의 종아리를 쳐서 철이 들게 하고 싶다.

　이윽고 농원 밖으로 나와 섬진강을 본다. 햇빛이 저

혼자 눈부신 백사장 위로 바장인다. 뒤로 시퍼런 대나무 숲이 강자락을 쓸며 스텝을 밟고 있다. 강 너머 야산에도 흰눈처럼 매화가 피어 있다. 강에는 역사가 있고, 봄이 있고, 민초들의 사랑과 분노와 울분을 터뜨리며, 매화가 실어온 봄, 여기 저기 산수유를 터뜨리고 배꽃을 터뜨리고 마침내 황홀한 벚꽃이 바다를 이루며 강물을 거슬러 북상할 채비다. 그리도 그리웠던 산과 바다와 강이 저기 봄볕을 맞고 있는데! 마침내 봄이 왔다! 와서는 뜨거운 안녕으로 갈 거다.

이 봄을 맞으려 흰빛을 길어올려 피우는 꽃. 함부로 향기를 풀지 않는 내숭. 생긋 보조개를 켜고 웃는 꽃. 잇몸까지 들어낸 채 활짝 웃는 꽃들이 귀밑에 동그란 멀미약을 붙이고 흔들리다가 더러는 떨어지고 있다. 꽃잎 한 장 붉게붉게 춤춘다. 매화가 진다. 봄 하늘이 찢어진다. 꽃비를 맞으며 흠씬 꽃비에 젖으며 꽃의 한계까지 찾아간다. 꽃과 가지의 갈림길에서 저녁놀 같은 슬픔에 눈을 감았다. 가지 끝에 앉은 삼천궁녀. 떨어져야 하는 잔인한 경험을 위해 몸을 날린다. 실어증처럼 목숨을 잃었다.

   닿을 수 없는 저편으로 건너가려 눈물. 유통기한을 선고받은 눈물자국들. 육신을 덜어내려는 나무의 헛헛함. 고통을 참으려고 다발로 쏟아내는 나무의 기침. 피를 토해내는 매화의 하얀 통곡. 제 먼저 강이 젖었다. 목이 메어서 내가 울었다.

이제우
중앙대문인회 이사
미당문학회 이사

2024년 제6회
| 베스트에세이 10選 |

현장 외 2편

장미숙
erigeronf@naver.com

 늦잠에 빠진 도시의 등을 툭툭 두드리며 버스가 지나간다. 눈 밝은 버스는 꼬부라진 길을 잘도 달려와 정류장에서 긴 하품을 쏟아낸다. 눈곱도 떼지 않은 가로등은 골목의 어둠을 쫓느라 긴 손을 휘젓는다. 형광색 옷을 입은 사람 하나, 밤새 쌓인 소음을 쓰느라 분주하다. 아침 일곱 시, 밤을 새운 사람들은 어둠을 끌어들이고 아침을 맞이한 사람들은 빛을 불러들이는 시간이다.
 어떤 이는 주차장에서 자가용을 빼내느라 애를 쓰고,

또 어떤 이는 묵직한 오토바이에 묵직한 몸을 얹는다. 날렵한 자전거 한 대 그들 옆을 가뿐하게 스쳐간다. 사계절, 불 꺼진 적 없는 상가의 간판이 피로에 찌들어 파르르 떤다. 낡은 수레 하나가 뒤척이는 아침을 힘겹게 끌고 온다. 허리가 구부정한 노인이 손잡이에 매달린 채 그네를 탄다. 도시의 껍질이 수레에 가득하다. 희미한 어둠 속에서 유난히 환한 불빛이 주위를 밝힌다. 빵집이라는 간판 아래 살짝 열린 문 사이로 냄새가 달려 나온다. 오늘의 현장이다.

가게는 적당한 크기로 아담하다. 문을 열자마자 탑처럼 쌓인 플라스틱 상자가 정리를 기다린다. 새벽에 물건을 배송한 기사의 시간이 상자에 차곡차곡 담겨있다. 물건들은 밤을 밝힌 또 하나의 현장을 상상하게 한다. 포장된 빵과 상자에 담긴 케이크, 음료가 진열장에 채워진다. 부자재와 원자재를 정리하느라 점주의 손이 바쁘다.

그러는 사이 오븐에서 빵이 나오기 시작한다. 알람이 울리면 제조 기사의 얼굴도 빵처럼 달아오른다. 한쪽에서는 샌드위치를 만들기 위한 준비가 시작된다. 나의 영역이다. 모자를 쓰고 앞치마를 두르고 위생장갑을 끼면 작업준비가 끝난다. 계산하고 빵을 진열하는 점주, 빵을 만드는 제조 기사, 샌드위치와 음료 담당인 나, 각자의 아침은 바쁘게 시작된다.

물건 정리를 마친 점주는 뜨거운 빵을 냉판으로 옮긴다. 그 사이를 빠져나온 자유분방하고 성질 급한 냄새가 출입문까지 달음박질을 친다. 가게 앞을 지나는 사람들의 후각에 치명타를 가할 입자들이다. 벌써 한 사람이 냄새에 뒷덜미를 잡혀 엉거주춤 들어온다. 갓 나온 빵을 훑는 그의 눈이 반짝인다. 인간에게 가장 최적화된 색, 식욕을 관장하는 갈색 앞에 배고픈 영혼은 대책 없이 흔들린다. 묵직한 봉지를 들고 나가는 남자의 뒷모습에 순간적인 감동이 물결친다.

제조 기사의 손길이 팔랑팔랑 나비처럼 날아다닌다. 전날 발효기에 넣어둔 생지를 꺼내고 또다시 채워 넣는다. 반죽을 자르고 꼬아 모양을 만든다. 납작하던 게 오븐기에 들어갔다 나오면 구름을 한 덩이씩 삼킨 듯 볼이 **빵빵**해진다. 빵이 구워지는 동안 모양 만드는 일은 계속

된다. 토핑을 올리고 가루를 뿌려주고 크림빵에는 크림을 가득 채운다.

또 다른 공간, 계산대가 시장판처럼 시끄럽다. 등교 시간이다. 두세 명 짝을 이룬 학생들이 매장을 빙글빙글 돈다. 점주의 눈도 빠르게 움직인다. 틱, 틱, 바코드 찍히는 소리가 경쾌하다. 한차례 손님들이 빠져나가고 나면 그는 식은 빵을 순서대로 포장한다. 밋밋한 봉지에 넣기도 하고 모양을 살려 포장지에 각을 세우거나 주름을 잡는다. 몸값이 비싼 만큼 조심스럽게 다룬다. 옷을 잘 차려입은 빵은 매대에 척척 자리를 잡고 앉는다. 누군가의 손길을 기다리며 갈색 윤기 나는 피부를 반짝 빛낸다.

내가 서 있는 작업장의 도마 위에는 꽃밭이 펼쳐진다. 빨강, 파랑, 노랑… 색색의 야채가 간조롱히 놓이고 머릿속은 생산량과 종류를 계산한다. 오이를 어슷하게 썰고 파프리카를 일정한 두께로 자른다. 매끈한 토마토가 부챗살처럼 펼쳐진다. 몸에 익은 손놀림에서 재료는 다져지고 형태를 갖추어 나간다. 그러는 사이 간간이 들어오는 음료를 만드느라 손이 사방 허공을 지휘한다. 펼쳐 놓은 식빵에 소스가 발라지고 원색의 재료들이 자리를 잡자 누군가의 하루를 채워줄 든든한 샌드위치가 완성된다.

  빵집 안은 조용한 듯 수많은 소리가 공존한다. 음악 소리, 바코드 소리, 포장재의 바스락 소리, 오븐 알람 소리, 철판과 냉판이 부딪치는 소리, 칼질 소리, 물소리, 커피머신 기계 소리, 사람들의 발걸음 소리, 모두가 한곳에서 같은 시간을 공유한다. 이들의 자잘한 움직임은 노동의 총합을 만든다. 노동이 삶이 되고 다시 삶이 노동이 되는 순환의 현장이다.

  노동에는 관념이 존재하지 않는다. 추상은 끼어들 틈이 없다. 느긋함과 여유로움 대신 부산함과 시끄러움이 공간을 차지한다. 순간의 선택과 물리적인 힘으로 물건이 만들어진다. 손가락과 머리의 힘이 아닌 다리의 힘과 팔의 근력이 제조의 원리를 이룬다. 땀의 공식이 그대로 답으로 이어지는 곳이 현장이다. 신체의 모든 기관이 노동에 총동원된다. 힘은 다리를 지탱해주고 무게중심을 잡아주며 손놀림을 가능하게 한다. 좁은 공간을 수백 번 돌고 도는 반복행위가 생산으로 거듭난다.

  창밖에서 바라보는 실내는 평화롭고 아늑하다. 노릇노릇한 갈색이 품고 있는 건 어느 날의 시간이기도 하고 어떤 날의 기분이기도 하다. 낯선 듯 낯설지 않은 친근한 의미가 숨어 있다. 달콤하고 구수한 맛의 기억이 공간을 정의한다. 현장의 치열한 움직임은 전체 속에 묻혀 버리고 노동의 형태는 밝음 뒤편으로 사라진다. 섣부른 관망은 현상에 머물 뿐이다.

  시간은 오후로 이어지지만, 현장의 열기는 여전히 팽팽하다. 다리가 뻣뻣해지고 몸이 흔들릴 때도 직립의 자세는 계속된다. 갖가지 모양의 빵과 샌드위치는 누군가의 배고픔을 달래주고 영혼의 허기를 채워준다. 그로 인해 얻은 자본은 노동자들의 삶에 생명수가 된다. 기사는 찬물을 벌컥벌컥 마시고 계산대에서는 가끔 '휴~!', 하는 한숨이 터진다. 나는 뻐근한 다리를 두드리며 잠시 호흡을 가다듬는다.

  세상에는 수많은 현장이 있다. 타워크레인의 아찔한

광경들, 바다 위의 험난한 사투, 농경지의 뙤약볕, 공장마다 식당마다 고단한 시간이 존재한다. 알차고 풍성한 수확물과 아름답고 매끈한 생산품 이면에는 거친 호흡이 숨어 있다. 소망과 평안에 대한 간절함이 녹아 흐른다. 절실함과 절박함이 때로는 두려움을 훌쩍 넘어설 때도 있다.

살아간다는 건 늘 현장을 마주하고 또 만드는 일이다. 현장에는 현재와 미래가 공존하고 과거의 모든 게 응축되어 있다. 현장은 세상의 중심축이다. 의미가 생성되고 이야기가 만들어진다. 역사란 이름으로 거듭나기도 한다. 땀의 가치가 왜곡되거나 에둘러 표현되지 않는다. 땀과 거친 숨이 새로운 생명으로 이어지고 내일을 만들어간다.

서로의 재능과 수고가 핏줄처럼 얽혀 돌아가는 곳, 나는 오늘도 현장에 서 있다.

새벽

  새벽은 고양이 발걸음처럼 조용히 온다. 한껏 발효된 공기가 어둠의 등을 들어올리면 그 사이로 가만가만 스며든다. 바닥에 엎드려 있던 새벽이 높은 빌딩까지 올라가려면 살아 있는 것들의 생생한 숨소리가 필요하다. 밤의 지친 육신을 벗고 생기로워지고자 하는 간절한 소망이 빛을 깨운다.

  새벽은 얇고 투명하다. 두꺼운 어둠을 뚫고 나왔기에 새초롬하고 새뜻하다. 밤이 지쳐 나가떨어질 즈음, 남은 마지막 기운이 새벽의 살 속으로 옮겨온다. 폐기 처분된 희망과 축을 세우려는 절망의 경계가 흐려지는 시간을 지나고 나면 새벽은 없는 듯 찾아온다.

저녁이 소멸하면서 잉태한 희미한 빛 속에는 가버린 시간과 남아 있는 시간이 넘나든다. 저녁의 발길질에 차여 상처가 난무하는 도시의 옆구리 속에는 비애가 웅크리고 있다. 어둠이 슬픔을 다독이는 소리가 절정에 달하면 빛은 오히려 현란하고 이성은 마비된다. 새벽이 태어난 자리에서 진한 살 냄새가 나는 건, 누군가가 어둠을 밀어내기 위해 몸부림친 흔적이 남아 있어서다.

도시의 밤은 추상의 세계다. 불면과 수면이 공존하고 또렷하지 않은 윤곽들이 밤길을 서성인다. 허공을 떠돌던 소음과 발소리는 건물의 귀퉁이에서 어설픈 잠을 청하고 오직 절박한 숨소리만이 고요한 침묵을 흔들고 지나간다. 도시의 새벽은 계단처럼 층을 이룬다. 하늘과 맞닿은 꼭대기의 채도가 다르고, 땅을 디딘 바닥의 명도가 다르다. 서 있는 자와 앉아 있는 자, 엎드린 자의 시선처럼 어둠도 빛을 달리한다.

고양이가 물고 다니던 깊은 허기와 외로움은 고독한 눈빛을 지나 하현달에 다다른다. 빛과 빛의 교감, 사그라드는 달빛과 허무의 눈빛은 절박함이 닮아있다. 새벽이 하현달을 앞세우는 건 부담스럽지 않은 빛이 가진 절제 때문이다. 미세한 촉수를 뻗은 안개가 희미한 달빛을 품을 때 새벽은 만물의 상처를 어루만진다.

직업과 삶의 질에 따라 나뉜 새벽을 바라본 지 오랜 날들이다. 인공의 빛 속에서 도시는 깨어 있으려고 발버둥 친 흔적이 보인다. 밤새 불을 밝힌 경비실은 새벽이 슬쩍 비켜 간 자리이다. 밤낮이 뒤바뀐 사람들에게는 저녁 어스름이 새벽빛처럼 희끄무레할지도 모른다. 불 켜진 어느 집에는 전날의 피로가 쌓여 있고, 불 꺼진 창에는 밤의 여운이 웅크리고 있다.

환한 대낮에 각을 세웠던 건물들이 새벽이면 일제히 모서리를 버린다. 사람들의 아우성과 분노가 고여 만들어진 모서리, 날카로운 선과 선이 만난 직각이 새벽빛 속에서는 면으로 보인다. 아마도 모서리는 그 시간 참선에 드는지도 모를 일이다. 다시 세울 수밖에 없음을 알기에 부서지지 않도록 조용한 틈을 타 명상에 드는 것인지도…. 건물이 둥그렇게 안으로 다듬어지는 시간, 어디선가 밤을 헤맨 고양이도 꼬리를 둥그렇게 말고 나지막이 웅얼거린다.

어느 날부터인가 눈보다 귀가 밝아졌다. 전에 듣지 못한 소리가 들리기 시작한 건 새벽이 서서히 몸에 깃들면서부터였다. 소리는 몸속에 저장된 어떤 이미지처럼 또렷했다. 현실인지 착각인지 알 수 없는 날들이 얼마간 이어졌다. 몸을 일으켰을 때 어디선가 고양이 발걸음 소리가 들리고 별이 지는 소리가 들렸다. 그리고 창밖에는 하현달이 절대의 고독인 양 떠 있었다.

짙은 어둠 속에서 들리지 않는 소리를 들었다. 인시寅時, 4시를 막 지나 5시로 흐르던 시간이었다. 명징한 달빛 속에 오래전부터 그래왔던 것처럼 자연스러운 기운이 흘렀다. 절대의 고요는 아름답고 아득했다. 고요한 시간은 그렇게 나에게로 왔다. 오랜 날들을 거쳐 소리로, 감각으로 왔다. 육체가 아닌 의식이 이끄는 힘이 새벽을 불렀다. 그건 살고 싶은, 살고자 하는 간절함이기도 했다. 의식이 점점 옮겨 오면서 저절로 엷고 푸른 새벽빛에 감각이 요동친다. 불면 속에서 어느 한때 동경했던, 간절했던 시간이다.

　새벽을 찾으면서 밤을 놓았다. 아니, 놓아 버리고 싶은 밤이기도 했다. 밤은 한때 야차의 목덜미처럼 두려운 것이었다. 누군가에게는 최고의 시간일지 모르나 내게는 견딤의 나날이었다. 안락과 평온, 쉼과 여유를 잃어버린 밤을 건너뛰어 새벽으로 치닫고 싶었던 열망이 심연 어딘가에 도사리고 있었을까. 아니면 무의식 깊은 골짜기에 숨어 있는 내면, 아이의 바람 같은 것이었는지도 모르겠다.

　두려움을 씻어 낼 푸른 기운이 필요했다. 시작을 모른 채 체화되어 버린 불안에서 벗어나고자 했다. 새벽은 한동안 도피의 시간이었다. 삶으로부터 도망가고 싶은, 밤을 건너뛰고 싶던 갈망이 불러온 의식이었다. 이제 스스로를 도닥거리고 싶은 시간 앞에 헝클어진 기억을 펼친다.

　새벽을 몸속에 들이면서부터 혼자라는 게 기껍다. 푸

른 지구의 나뭇가지에 올라앉은 것처럼 몸과 마음이 투명해진다. 시르죽어 있던 의식을 채우는 갓 맑은 평온의 냄새 속에서 한낮의 번잡함을 잊는다. 도시의 핏줄처럼 이어진 도로에 선 나무의 몸 터는 소리가 들린다. 나무가 일으킨 바람으로 공기는 알맞게 삽상하다. 모서리가 둥글어진 건물 사이로 대나뭇잎 스치는 소리가 세포를 낱낱이 깨운다. 지나간 시간의 어디쯤, 깃들어 있던 풍경이 왈칵 다가오는 중이다.

그때도 둥근 초가 위를 비추던 하현달은 오늘처럼 깊은 생각에 빠져 있었다. 맑은 정화수 앞에 비손하는 정결한 손과 달빛 사이로 고양이 울음소리만이 간간이 들렸다. 아무것도 끼어들면 안 될 것 같은 신성한 기운을 지키던 그 둥근 등, 어머니의 하얀 저고리가 푸른빛을 머금었을 때 내 나이 열네 살이었다. 무엇이 그토록 간절했기에 새벽마다 달빛에 몸을 푸셨을까. 어머니가 딱히 말해 주지 않아도 알게 된 간절함이 수년을 거쳐 내게로 이어졌다.

탁 트인 마당이 아닌, 딱딱한 마루에 발을 딛고 서서

새벽바람에 손을 씻는다. 정화수 대신 풀지 못한 인생의 문장 하나 허공에 걸어 놓고 달빛의 조언을 듣는다. '아아, 이 찬란한 외로움이여!' 스스로 터득한 진실에 야릇한 환희가 차오른다. 오직 지금만이 가질 수 있는 생각이 가슴에서 요동친다.

동글게 몸을 만 고양이가 야윈 달 속으로 기어든다. 달은 어느덧 자신의 색을 버리기 시작하고 건너편 건물은 숨긴 각을 내민다. 새벽은 남은 어둠을 토닥거리며 마지막 책장을 가만히 덮는다.

자전거, 로맨스를 꿈꾸다

  길이 팽팽하게 당겨진다. 휘파람 소리처럼 경쾌한 리듬이 땅을 밀고 나간다. 힘의 마력이 솟구친다. 자전거 바퀴가 연속적인 무늬를 만든다. 등을 곧추세운 동그라미는 직선보다 반듯하다. 날렵한 자세로 엎드린 힘의 존재, 동력을 만들어 내는 라이더의 다리가 중력을 박찬다. 세상을 들어올리는 다리의 힘이 순간에 영원의 발자국을 남긴다.
  그들이 미래 속으로 가뿐히 뛰어든다. 쌩쌩, 바람이

현을 타는 소리가 들린다. 인체의 구부림에도 아름다운 각도가 있다면 저런 모습일까. 머리에서부터 시작된 곡선이 부드럽게 허리로 이어진다. 반듯한 탄력이 공간을 움켜쥔 듯 긴장감이 돈다. 라이더들의 질주가 천변의 고요를 흔든다. 몸에서 몸으로 전해지는 벅찬 기운, 줄지어 달리는 그들 주위에 보이지 않는 열기가 폭발한다.

바퀴를 굴리는 힘이 모였다 흩어지는 모양이 아름답다. 아름답다는 건 감정들의 모음이 만들어 내는 순간적인 감성 언어. 아름다움이 큐피드의 화살처럼 가슴에 꽂힐 때 저절로 터져 나오는 탄성을 실감한다. 동적인 이미지가 만들어 내는 찰나의 순간, 아름다움은 서사로 이어진다.

사람과 풍경이 어우러지는 천변에는 오늘도 이야기가 흐른다. 계절 따라 온갖 꽃이 피고 잡초도 무성히 자란다. 색을 가진 것들은 사람이 함께해야 더 잘 자라는 모양이다. 누군가의 눈길을 의식하는 것일까. 천변의 꽃들이 생기로 팔랑거린다. 나무의 이파리도 연초록 미소를 머금었다. 흡족한 시선이 머물렀다 간 흔적이다.

날씨가 유난히 좋은 봄날이면 자전거는 양쪽을 부지런히 오간다. 전문 라이더의 무리가 초록색 공기를 가르면 연인의 쌍 바퀴가 꽃을 뿌리며 지나간다. 부자나 모녀의 바퀴도 웃음을 머금고 뒤따른다. 봄날 천변길은 원색의 꽃 무리보다 사람의 웃음꽃이 더 환하다. 길은 자전거를 부르고 자전거는 낭만과 활기를 몰고 길을 점령한다.

천변을 걷는 내게 꽃과 나무는 가난한 감성을 채워 주기에 충분한 요소다. 라이더들은 불씨만 남아 있는 로맨스를 꿈꾸게 한다. 자전거는 기계가 아닌 인간이 순수하게 만들어 내는 동력으로 질주한다. 모양과 크기도 가지각색이고 타는 사람과 장소도 다양하다. 하지만 모두 동그란 바퀴를 가지고 있다.

바퀴가 세모라거나 네모가 아닌, 동그랗다는 건 끊어지지 않고 세대를 넘어 연대하고 있음이다. 그들의 움직임에 속절없이 동화될 때 나의 소녀 시절의 바퀴도 함께 구르고 있음을 본다. 천변 풍경에서 맞닥뜨린 바퀴는 많은 이야기를 싣고 지금도 흐르는 중이다. 한때는 유치함을 실었고 휘파람을 싣기도 했으며 묵직한 인생을 싣기에 이르기까지 많은 길을 굴러왔다.

바퀴로 시작한 로맨스는 중학교 이학년 때였다. 까까머리 남학생, 그 애의 이름은 아직 또렷이 기억하는데 얼굴은 희미하다. 그를 눈여겨보기 시작할 즈음 도시로 유학을 떠나 버려서였다. 하얀 반팔 교복에 까만색 바지를 입은 그가 훌쩍 자전거에 올라타 시골길을 달리는 모습은 만화책에서 흔히 보던 이미지를 닮아 있었다.

그에게 호감을 느낀 건 순전히 자전거 때문이었다. 공부를 잘했다는 건 그리 중요하지 않았다. 우리 집에는 자전거가 없었다. 귀한 물건이었으므로 당연했다. 내 기준으로 부자였던 작은집 자전거를 노릴 수밖에 없었다. 할아버지가 타던 자전거는 다루기에는 벅찼지만 개의치 않았다. 그 애가 자전거를 타고 마을을 돌아다녔으므로 나도 그렇게 해야 할 이유가 생겼다. 작은집 자전거를 마당에 세웠다. 남동생을 꽁무니에 매달고 수없이 돌았다. 다리는 사방에 멍이 들고 팔에도 상처가 생긴 뒤에야 겨우 타게 되었다.

자전거를 끌고 집 밖으로 나오기까지는 용기가 필요했다. 윗돔인 우리 집에서 아랫돔까지는 긴 내리막이 있었다. 그 애의 집은 아랫돔에 있었고 나는 어떡해서든 그 집 앞을 그럴싸하게 지나가고 싶었다. 몸이 후들거렸지만, 자전거에 올랐다. 미처 브레이크를 잡지 못한 채 내리막길로 접어들었다. 바퀴는 무섭게 질주했다. 길가 논바닥에 처박힌 건 순간이었다. 그 사건은 다리에 커다란 흉터를 남겼다. 그리고 자전거가 망가졌으므로 엄마에게는 근심을 얹어 주었다. 단발머리 소녀의 어설픈 로맨스는 그렇게 막을 내렸다.

그 뒤 항구도시에서 청춘을 보냈다. 밤이고 낮이고 바닷가의 낭만에 붙들렸다. 바다를 구경하기보다 자전거 타기를 즐겼다. 길이 없는 길을 만들며 자전거는 돌고 돌았다. 광장은 길이 생겼다가 없어지기를 반복했다. 낯선 사람들 속에서 낯설지 않은 건 동그란 바퀴였다. 어깨를 부딪치며 찰나의 인연들이 만들어졌다가 사라졌다. 그러나 비슷한 사람 속에서 로맨스는 허공에 뜬 풍선처럼 잡히지 않았다.

삼십 대, 사십 대, 오십 대를 거치는 동안 바퀴는 멈추지 않고 굴렀다. 어느새 낭만이 아닌 생활이 된 자전거는 실용적으로 바뀌었다. 로맨스 대신 힘겨운 삶의 물리적인 힘이 높이를 더해 갔다. 뒤에 짐칸을 달고 줄을 맸다. 시장으로 관공서로 병원으로 학교로 바퀴는 거칠 것 없이 굴러다녔다. 그만큼 인생도 거칠어졌다.

짐칸에 배추를 가득 실어도 부끄럽지 않은 나이가 되었고, 무거운 상자도 척척 옮겼다. 복잡하게 얽혀 있는 도시의 길에서 헤매다가도 자전거만 타면 길이 훤하게 보였다.

자전거의 종착역이 어디인지 모를 나이가 된 지금, 불현듯 로맨스를 꿈꾼다. 손에 힘줄이 도드라지고 다리의 근육이 별스레 단단하게 느껴져 나이를 망각할 때다. 얼굴에 늘어난 주름을, 하얗게 변하는 머리카락을 의식하지 않을 때도 로맨스는 살아난다. 생에 지쳐 한없이 무거운 몸이 바퀴 위에서 가벼워질 때 착각과 망상에 빠진다.

그 허무함이, 혹은 허무맹랑함이 지친 어깨를 민다.

달리고픈 욕망 앞에 생생하게 살아나는 감각, 자전거는 아직도 로맨스를 꿈꾸는 중이다.

장미숙
《에세이문학》 등단
수필집 《고추밭 연가》 《의자, 이야기를 품다》

| 2024년 제6회
| 베스트에세이 10選 |

Post, 결혼! 외 2편

정 아 경
twomin-v@hanmail.net

"그럼 우린 뭐야?"
"반 부부지!"
"반 부부?"

한 지붕 아래 살지 않지만 부부나 다름없는 관계를 반 부부라고 정의하면 어떨까? 한 지붕 아래 살지만 따로 생활하는 부부는? 반은 같이 살고, 반은 따로 살면 반 부부라 규정하면 되려나? 정의는 각자의 해석에 따라 달라지겠지만 반은 부부라는 의미이다. 반은 부부라면…. 반은 부부가 아니라는 열린 결말에 웃음이 절로 났다.

"사전에 등재된 단어야?"
"방금 내가 만든 신조어야."

그의 말에 깔깔대며 어학사전에 '반 부부'라는 키워드를 쳐보았다. 없는 단어였다. 당연히 없을 것이라 생각했지만 그래도 확인하고 싶었다. 사전에서도 정의하지 않은 단어는 누구도 가보지 않은 길이고, 누구도 경험하지 않은 길이라는 것이다. 없는 단어는 없는 개념이다. '있는' 보다 '없는'이란 단어는 온통 불모의 이미지다. '반 부부'라는 텅 빈 단어에 우리만의 색깔을 입힐 생각에 나는 생기가 돈다. 툭~하고 던진 말을 덥썩~ 물어서 의미를 부여하는 나를 보며 그는 빙그레 웃는다. 둘이서 하나가 되었다가 하나가 다시 둘이 되는 '반 부부'를 진지하게 고민한다. 익숙한 보편을 깨고 낯설고 불안한 새로움을 창조하는 철학자와 작가들의 이야기는 흥미롭다. 흥미로운 그들의 생애를 수십 년 읽고 감동하다보면 아주 미미하지만 나의 일상도 흠모한 만큼 변화가 있기 마련이다. 강렬하고 초월적인 것에 끌리는 나에게 그는 언제나 영감을 준다. 그러다 자신이 던진 말이 글로 완성되어 잡지에 실리면 그는 작품의 반은 자기 몫임을 강조한다. 반은 인정한다. 반만 인정해도 인정인가….

모든 사람들이 말렸던 그와의 결혼이었지만 30년을 함께 했다. 가난이 대문 열고 들어오면 사랑은 창문으로 도망간다는 서양속담까지 인용하며 나의 선택을 말렸던 대학동기의 자신만만하던 어조와 눈빛은 30년이 지난 지금도 생생하다. 애정 어린 우려든, 냉철한 충고든 말리던 이들의 눈빛은 한결같이 나의 선택은 현명하지 못하다는 쪽으로 향했다. 뜨거운 가슴 하나만 믿었던 나는 먼 후일에 그들의 우려와 충고가 기우였다는 것을 보여주리라 다짐하며 제2의 삶을 시작했다. 일상은 혹독하고 분주했지만, 견딜만했다. 모래알처럼 서걱거리는 삶이지만 관능이 충만했던 시기였고, 에로틱으로 몽환적인 하루의 마무리가 가능했다. 엉뚱하고 도발적인 날들도, 계산이 느려 손해 보는 날들도 가득했지만, 소소한 행복들이 주렁주렁 열렸다.

  결혼의 목표가 부를 쌓는 것이라면 나는 목표에 도달하지 못했다. 성공의 목적이 부를 축적하는 것이라면 나는 성공하지 못했다. 앞으로도 그럴 가능성이 다분하다. 그러나 가치관이 같은 이의 손을 잡고 삶이라는 길을 걸어가는 것이 결혼의 목적이라면 나름 만족한다. 사회적 관습에 저항하며 살아내기는 결코 쉽지 않았다. 아들 없는 노후의 비참함을 상세히 일러주며 아들 낳기를 독려했던 어른들의 말을 경청하지 않았던 당돌함을 후회하지 않는다. 가난은 대문으로만 들어오는 것이 아니었다. 사방에서 경고 없이 들이닥쳐 일상을 흔들었다. 도망가려는 사랑을 지키려 그와 나는 두 손을 놓지 않았다. 가난은 불편했지만 불행하지는 않았다. 그의 손을 놓지 않은 30년의 시간은 새로운 에토스를 형성하는 과정이었다. 이제 그 누구도 나의 선택이나 삶의 방식에 태클을 걸지 않는다. 30년 동안 지속한 삶의 태도는 나의 방식이 되었다. 새롭다는 표현이 어색하지만 고정관념을 이겨낸 에토스의 탄생은 나의 삶이 되었다.

Post, 결혼!

30주년을 기념하며 나는 post, 결혼을 꿈꿔본다. 30년 전 나의 선택을 30년 후의 나는 지지하고 응원한다. 30년 후, 나는 나에게 무슨 말을 할까? 곁에 남편이 있어야 행복한 노후라는 선배들 말에 '혼자서도 잘 지내는 것이 행복한 노후'라고 마음속으로 반론한다. 그는 아침형 인간, 나는 올빼미형 인간이다. 그와 나의 시차는 두바이와 서울정도이다. 그는 시골이 좋고, 나는 도시가 좋다. 그래서 그는 시골에 자신의 공간을 만들었고, 도시의 아파트는 나만의 공간이 되었다. 신혼에는 상상조차 못한 마음이다. 한순간도 떨어지고 싶지 않아 잠드는 순간까지 손을 잡아야 만족했다. 같은 공간에서 같은 경험을 하고 생각조차 같이 공유하기를 원했다. 이제는 혼자의 시간에, 혼자만 누리는 자유를 조금씩 늘리고 있다. 그가 내 집에 오면 '손님 오셨어요' 라며 능청을 떤다. 며칠 후 자신의 공간으로 갈 손님이라 생각하니 웬만한 트러블은 참아진다. 신기방기한 현상이다.

30년 동안 많이 닳아버린 그와 나는, 첫 맹세를 하던 이십 대의 우리를 믿고, 우리의 방식대로 부부의 정의를 다시 내려 본다. 함께 지내는 반은 부부, 각자의 공간에서 지내는 반은 자유인으로…. 그것이 그와 나의 방식이다. 와인잔을 부딪치며 새로운 규칙에 동의한다. 2023년은 그 원년이다. 반의 자유로움을 무엇으로 채울까??

와르르

 '지루해,' 라는 친구의 문자를 읽고 한참을 들여다보았다. 지·루·해·라는 문자의 배열이 참하다는 생각을 한다. 읽고도 답이 없자 '뭐해?' 라며 다시 묻는다. 뭐라고 답해야 하나. 지루해, 라는 글자가 참해라고 해야 하나, 너랑 문자하고 있잖아, 라고 해야 하나, 아니면 친구가 원하는 어떤 추상적인 문장 하나를 던져야 하나.
 '삶이 지루해,' 다시 온 친구의 문자에 나는 정신이 화들짝 들었다. 지루한 것이 당연한 일상을 저토록 천착하며 표현하는 것은 친구의 일상에 균열이 생겼다는 투정이었다. 날마다 생기는 삶의 균열이지만 언제나 내 삶은 실금만큼의 균열이 생겨도 특별하기 마련이다. '내 말 좀 들어줘,' 로 해석이 되지만, 나 역시 마음의 텐션이 낮아져 있어서 심드렁하게 대꾸했다.

감성이 잘 맞아 늘 그리워하는 친구지만 잘 만나지지 않는다. 함께하는 모임이 없다보니 둘이서 문자로 공유하는 경우가 더 많다. 이런 저런 이유로 미루다가 장미의 붉은 빛이 담장을 둘러싼 오월, 금요일 밤에야 마주 앉았다. 국물이 자박한 갈비찜은 맛있었다. 연신 고기를 건져 먹는 내 옆에서 친구는 안주가 좋아서라며 소주와 맥주를 섞어서 첫잔을 마셨다. 건배만 하고 내린 나를 흘겨보더니 너에게 술 동지는 원하지 않았다는 표정으로 다시 소맥을 말아서 스스로 한 잔을 더 마셨다. 갈증이 났거든, 두 번째 잔의 이유였다. 자박갈비로 배를 채운 나는 이제야 친구의 빈 잔이 눈에 들어왔다. 금요일 오후는 누구나 허기져 있기 마련이다.

나는 배가 고팠고, 친구는 술이 고팠다. 허겁지겁 자

신의 허기를 채우다 금방 배가 불렀고, 금방 취해 버렸다. 평소와 달리 술이 약해졌나, 친구는 고개를 떨구고 꼬인 혀로 마음 저 바닥의 소리를 하나씩 던져낸다. "마음에 안 들어, 다 마음에 안 들어." 독백처럼 반복하며 이번에는 소주를 마신다. 소주가 최고라나…. 술에 문외한인 나는 빈 잔을 채워주며 주류인생에 꼽사리 끼여 금요일 밤을 불태우고 있다.

딸이 사는 모습을 보고 와서는 마음이 아프다고 한다. 속 모르는 남들은 바다의 세계를 마음껏 노니는 삶을 동경하지만 일상은 동경으로 대체할 수 없는 작고 소소한 것들을 갖추어야 불편하지 않다. 그 작고 소소한 일상인 내 한 몸 편히 쉴 쾌적한 공간, 먹고 싶을 때 먹을 수 있는 최소한의 생활비, 통신요금 같은 필수적인 공과금 납부가 체납되지 않을 정도의 경제력을 가져야 일상은 비로소 삶이라는 형태를 갖는다. 어떤 의미로든 규정할 기본적 세팅이 된 일상 위에서 결혼을 하든, 비혼으로 살든 선택할 수 있는 용기가 생긴다.

"나는 너무 가난해!"

눈물을 쏟아낸다. 듣고 싶지 않은 말이었다. 가난이라는 말은 너무나 가난해서 듣는 사람조차 가난들게 한다. 친구의 등을 토닥이는 내 손이 초라하다. 위안이 될 그 어떤 단어도 찾지 못한 빈곤한 내 삶의 철학이 휘청거렸다. 자식에게 버팀목이 되고 싶은데 아무것도 해 줄 수 없는 엄마의 울음은 속절없이 슬펐다. 울컥 내 설움이 쏟구쳤다.

"나도 너무 가난해!"

서로를 향한 원망만 쏟아내는 관계 속에서 경청은 나의 유일한 역할이었다. 어느 순간 나의 임계점은 더 이상 경청을 허락하지 않고 내게 쏟아낸 그들의 감정들이 와르르 몰려왔다. 마음의 문을 닫고 나락으로 빠져들던 나의 가난은 회복될 기미가 보이지 않는다. 애증으로 적층된 시간들은 모두에게 상처만 주고 있다. 마음에 든 가난은 행복을 밀어낸다.

삶은 무형식의 생물이 아닐까. 지혜롭다는 이들은 숱한 해답을 제시하지만 보편일 뿐, 변수와 예외는 매순간

지뢰처럼 터져 세우지도 못한 형식을 무너뜨리고 만다.

'와르르~' 무너지는 친구 옆에서 더불어 와르르 무너진다. 삶이라는 그 생물이 오늘은 내 친구의 아킬레스건을 건드렸다. 날마다 세우고 무너지는 일상을 진솔하게 응시하는 친구의 모습은 한 편의 시이고, 그 친구의 힘겨움을 애써 공감하는 나는 한 편의 수필이었다. 제목은 '와르르~~'

우리는 너울 사이에 있다

　시골보다 도시가 좋다. 자연의 법칙에 충실한 시골은 일찍 어두워졌다. 어둠이 내린 시골은 공간이 넘쳤다. 난 그 텅 빈 듯한 공간의 여백을 채울 자신이 없었다. 상상력도 부족했고, 놀거리도 부족했고, 친구들도 모두 집으로 돌아갔다. 그러나 도시는 달랐다. 해가 져도 환했고, 도로는 차들로 가득했고, 사람들로 왁자했다. 그 속에 서 있으면 아무것도 하지 않아도 자연히 채워지는 느낌이 들었다. 완성된 것들 사이에서 나 역시 완성되고 있는 중이라고 쉽게 위안 삼을 수 있었다.

그런데 지금, 그 충만감에 속이 부대낀다. 충만감이 아니라 포만감이라고 불러야 할까. 빽빽하게 들어선 건물들과 그 안에 빼곡하게 찬 사람들이 한 마디씩 뱉어내는 말들이 공포로 다가온다. 일면식 없는 사람과 어깨를 맞대며 영화를 관람하고, 좁은 카페에 앉아 셀 수 없이 많은 사람들과 들숨과 날숨을 공유하는 나의 일상은 빨간 엑스가 쳐진 채 주의사항 중 하나로 전락했다. 전화로도 바이러스가 옮는 것 아니냐는 우스갯소리들과 대구를 봉쇄해야 하는 것 아니냐는 글들은 안타깝게도 웃음을 주지 못하고 나를 위축시키기만 했다.

바이러스 쇼크에 감전된 도시의 한복판에서 하지 말고, 하면 안 된다는 부정(do not)의 의무들을 곱씹으며 몇 주가 흘렀다. 사람이 모이는 곳을 가면 안 되고, 아이들과 수업을 하면 안 되고, 마스크 없이 밖에 나가면 안 되는 류의 의무들을 성실히 이행하는 중이다. 시민의 몫으로 남겨둔 것만큼이라도 잘 지키자는 생각이었다. 몇 주간의 칩거생활은 몸에 익어갔으나 활동적인 것에 길

들여진 정신은 몸에 복종할 생각을 하지 않았다. 내 몸 하나는 가둬놓을 수 있었지만 불어나는 권태로움은 가둘 수 없었다.

  믹스 커피를 두 봉 뜯어 멍하니 휘저었다. 매일 먹던 S사 카페라떼의 담백함을 끊자 금단현상처럼 달콤함이 땡겼다. 달짝지근한 커피를 호록거리며 거실 의자에 걸터앉았다. 저 문. 가족 이외에 그 누구도 저 문을 열고 들어오지를 않은지 스무날이 되어간다. 아이들이 목청 터져라 장난치는 소리에 귀가 멍멍한 적은 있어도 아무런 소음이 없어서 귀가 멍멍한 것은 이번이 처음이다. 숨을 잠시 멎고 있으면 지구가 돌아가는 소리라도 들릴 것만 같다. 그렇게 한참 저 문을 바라봤다. 파도가 밀려오지 않는 바다……. 외딴 섬에 고립된 나는 움직임이 없는 파도를 보며 괴이한 느낌을 받는다. 어쩌면 영영 이 섬을 벗어나지 못하는 건 아닐까. 타인의 섬에 가닿으려면 돛을 펼쳐 파도를 타고 바람을 타고 흘러가야 하는데 바다가 고요하다. 배가 꿈쩍을 않고 제자리를 고집한다……. 지금의 상태가 영원히 지속되지 않는다는 것을 알지만 그럼에도 순간의 공포는 여운을 오래 남긴다.

몽롱한 몽상을 깨운 것은 초인종 소리였다. 곧이어 묵직한 소리들이 들려왔고 택배 기사님은 익숙한 듯 문 안의 사람을 기다리지 않고 떠났다. 택배 올 것이 있었는지 돌이켜 보지만 떠오르지 않는다. 조심스럽게 열어본 현관문 앞엔 박스가 가득했다. 낯익은 이름들이 발송인란에 적혀 있었다. 저녁이 되어 가족들과 함께 택배를 뜯었다. 크리스마스 아침의 아이들처럼 박스를 뜯을 때마다 연신 환호성을 내뱉었다. 산더미 같이 쌓인 누룽지 박스들과 즉석 떡볶이 박스들. 전자는 나에게 온 선물이고 후자는 딸에게 온 선물이다. '누룽지를 좋아한다.', '떡볶이가 먹고 싶다.' 내뱉은 지도 모르고 흘려보낸 말들을 누군가 기억해줬다는 것이, 기억에서 더 나아가 행동으로 이어졌다는 사실이 나를 간지럽힌다. 조금 더 있자 노란색 비타민이 담긴 박스가 도착했다. 어디 아픈 곳 없이 성한 게 머쓱해질 정도로 감사한 마음들이었다.

'쏴아- 쏴아-' 밤늦게 원고를 뒤적거리는데 뒤통수에서 파도 소리가 들려온다. 일정해 보이지만 제멋대로인

간격. 텅 빈 도로를 쾌속 질주하는 자동차 소리가 겹쳐져 만들어내는 배경음악이다. 산골에서 자라 분지에 뿌리를 내린 내게 바닷가의 파도보다도 더 진짜 같은 파도소리였다. 밀려오는 파도에 몸을 맡길 때의 무력감. 역설적이게도 언제나 그 무력감이 나를 작동시켰다. 수동적으로 넘실거리는 와중에 더욱 내면의 소리가 또렷이 들리는 것처럼, 철저한 공허 속에서 생의 의지를 찾는 법이다. 굳게 닫힌 문을 보며 반복적으로 그려내던 여러 이미지들과 그것을 단번에 부수던 초인종 소리를 차례대로 떠올렸다. 미동 없는 바다의 수평선 너머에서 선물 꾸러미들이 무서운 기세로 달려왔고 그 힘에 파도가 생겨났다. 마음이 일렁였다.

하고자 하고, 해야만 한다는 긍정(do)의 의무들을 안고 많은 이들이 대구로 모여들고 있다. 그들은 바쁘게 물품을 정리하고, 분주히 응급환자를 응급차와 연결시킨다. 그들이 뿜어내는 긍정의 숨결들이 도시에 생기를 불어넣는다. 방구석에서 푹푹 내쉬고 있던 한숨들 위로 그들의 가쁜 숨결이 덧입혀졌다. 뉴스를 보니 우리 집

문 앞에 도착한 택배들처럼, 더 많은 곳에서 더 많은 사람들에게서 택배가 도착하고 있다고 한다. 어떤 것은 감사의 손 편지, 어떤 것은 비누와 샴푸, 어떤 것은 도시락. 의료진들도 자원봉사자 분들도 분명 택배 상자 안에서 튀어나온 갖가지 물건들을 마주하며 헤아릴 수 없는 뭉클함을 느꼈을 것이다.

베일에 가린 듯 내일이 막막하지만, 삶의 의미는 어떤 곳에서도 찾아지나 보다. 강제된 고립과 극도의 혐오는 몸의 고통 못지않은 강도로 정신을 괴롭힌다. 확산되는 불안은 타인에게서 원인을 찾게 한다. 예고 없이 그들의 '타인'이 된다는 것은 억울한 일이다. 그러나 언제나 그렇듯, 그런 사람보다 그렇지 않은 사람이 많다는 것. 무턱대고 손가락질하는 사람보다 누군가의 잃은 입맛을 챙겨주는 사람들이 더 많다는 것. 이 당연한 사실이 생경하게 느껴지는 것도 도시의 차가운 멋에 잔뜩 심취한 나의 탓이기에, 나는 어제의 나를 반성한다. 경계선 바깥의 타인에 대해 무덤덤했던 태도 역시 고통 받는 누구에게는 폭력일 수 있겠다는 생각을 하게 된다. 누군가가 웃자고 던진 말들이 싸늘하게 식은 문장들로 기억되는 것처럼 말이다. 현관문을 닳도록 드나들고 빠른 속도로 도시를 휘젓고 다니면서도 얻지 못한 것들을 굳게 닫힌 현관문 안에서 얻었다. 아주 느린 속도로, 아주 좁은 보폭으로.

우리는 너울 사이에 있다. 우리는 지나간 파도와 밀려오는 파도 사이에 있다. 찰나의 고요는 정지를 의미하지 않는다. 밀려오는 파도 역시 곧 지나간 파도가 될 테지만, 그러면 어떠랴. 다시금 파도가 밀려오고 있다.

정아경
《에세이스트》 신인상 (2007년)
저서 | 《나에게 묻다》《중독을 꿈꾼다》

2024년 제6회
| 베스트에세이 10選 |

숨어 우는 야고 외 2편

진 해 자
jinhj1502@naver.com

하나의 풍경에 시선이 닿았다. 억새와 억새 사이에 가느다란 거미줄이 바람에 낭창거린다. 거미줄은 바람의 기세에 금방이라도 끊어질 것처럼 위태위태하다. 중앙에는 몸집이 작은 거미가 제집을 지키겠다는 듯 다리를 쫙 벌려 버티고 섰다. 미동도 없이 당당히 맞서는 모습이 듬직해 보인다. 바람을 피해 억새 사이로 숨을 만도 한데 한참을 지켜봐도 물러서는 법이 없다.

거미줄 주위를 둘러보았다. 하얗게 감싸져 있는 것이

억새에 의지한 채 꼭 붙어 있다. 알집이다. 거미는 알을 지키기 위해 거친 바람과 맞선다. 죽음이 다가옴을 본능적으로 느끼고 가느다란 실이 어딘가에 닿을 때까지 삶의 영역을 구축한다. 거미는 곧 태어날 새끼들에게 오롯이 몸을 내어주고 마지막 숨을 거둘 것이다. 작고 여린 곤충이지만 제 새끼를 지키고자 하는 마음이 눈물겹다.

거미알을 훑다 보니 억새 밑둥지에 뾰족이 돋아난 식물에 눈길이 머문다. '야고'다. 억새에 더부살이하는 식물로 자그마한 키에 꽃인 듯 아닌 듯 홍자색으로 피어난 모양이 묘하게 생겼다. 고개를 푹 숙이고 있는 모습이 사람들에게 들키지 않으려고 꼭꼭 숨어 있는 것처럼 보인다. 적에게 뺏기지 않고자 새끼를 온몸으로 품어 안은 어미 같다. 억새 가장 밑둥지에 붙어 살아남고자 숨죽여 우는 야고.

가을의 정취를 느껴보고자 아끈다랑쉬오름을 찾았다. 일행은 저만치 사라지는데 나는 억새밭에 쭈그리고 앉았다. 오름을 휘감는 바람이 억새밭을 감시하듯 구석구석 할퀴고 지나간다. 속울음을 다 토해내지 못한 붉은 억새꽃이 소슬히 흔들린다. 바람에 몸을 맡겨 흔들리는 억새를 보면 제주의 아픔을 송두리째 안고 있는 듯하다. 수많은 사람이 죽어가는 모습을 지켜보면서 울음소리도 내지 못했을 터이다. 혹여 인기척이라도 들릴까 싶을 땐 거칠게 부는 바람이 오히려 고마웠으리라. 이유 없이 죽어야 하는 가엾은 목숨을 조금이라도 살리고자 밑으로 밑으로만 끌어안았을 억새의 몸부림이 처연하다.

 억새 밑둥지에 붙어야 살 수 있는 야고도 가끔은 푸른 하늘이 그리웠다. 자유롭게 흘러가는 구름도 보고 싶고, 마음껏 노래하며 날아다니는 새도 되고 싶었다. 눈부신 햇살 한 줌 억새 사이로 내려오면 햇살 따라 세상 밖으로 나오고 싶은 심정이 오죽했을까. 컴컴한 동굴 안에 숨어 살아야 했던 제주 사람들의 한숨이 억새 사이로 흐르면, 억새는 그저 흔들리며 발밑에 있는 야고를 더욱 감싸 안았다.

 시집와서 보니 시할아버지의 자리가 비어 있었다. 시할머니는 할아버지 부재의 이유를 잊어버릴 만하면 넋두리처럼 들려주었다. 한숨에 섞여 새어 나오는 목소리는 바람에 부딪혀 서걱대는 억새처럼 언제나 파르르 떨렸다. 억새 밑둥지에 숨어 우는 야고는 젊은 나이에 혼자 아이 셋을 키우며 숨죽여 살아야 했던 할머니의 삶과 닮았다.

4·3사건 때에 토벌대는 하도리 주민들을 도피자 가족이라는 이유로 감금시켰다가 많은 사람을 집단 총살하였다. 그것도 모자라 마을 공화당으로 모이게 한 후 남녀 여러 명을 일렬로 세워 놓고 총을 쐈다. 청년과 주민들은 토벌대의 무차별 학살을 피해 다랑쉬오름 근처의 크고 작은 굴로 피신해야만 했다.

스물일곱 살이던 할아버지도 살고자 무작정 도망갔다. 무고한 사람들이 수없이 죽어가는 것을 보며 할머니는 할아버지를 어떻게든 살려야겠다는 생각뿐이었다. 수시로 집안을 수색하고 눈에 띄면 잡아다 고문하거나 죽임을 당하는 현실 앞에서 어린 남매와 뱃속 아기를 남겨두고 집을 떠나는 할아버지의 심정은 어떠했을까.

1948년 12월 어느 날, 다랑쉬굴에 숨어 있던 주민들이 토벌대에 의해 희생되었다. 굴속에 불을 피우고 안에 있는 사람이 밖으로 나오지 못하도록 입구를 돌로 막아 버렸다. 연기에 질식되어 고통 속에 몸부림치다 목숨을 잃은 열한 구의 유골이 몇십 년이 흐른 후 고스란히 발견되어 큰 충격을 주었다. 살고자 들어갔던 굴이 죽음의 장소가 되어버린 기막힌 사연, 그 아픔을 위무하듯 다랑쉬굴 앞을 지나는 바람 소리가 서늘하다.

쉴새 없이 억새를 흔들던 바람마저 잠들어 버리면 야고는 너무나 외로웠다. 억새가 있어야 살 수 있는 기막힌 운명이지만, 어린 자식을 위해서는 어떻게든 견뎌야 했다. 구름 사이로 새어 나오는 희미한 달빛에 의지해 하루하루를 버텼다. 삶과 죽음을 모른 채 60년이 흘러버린 할머니의 지난한 세월, 바람에 대문이 달그락거릴 때마다 남모르게 가슴앓이했을 마음이 자닝하다.

할아버지의 숨결이 억새 사이로 사라지고 말았다. 의지가지없이 텅 비어버린 가슴을 메울 수 있는 건 아무것도 없다. 야속하게 흘러버린 시간 속에 덩그마니 남겨진 야고는 허옇게 새어가는 억새를 안쓰러워하며 은결든 마음을 달래본다. 바람을 피워도 좋고, 노름으로 가사를 탕진해도 좋고, 알코올중독이라도 좋으니 살아만 있으면 좋겠다던 할머니다. 할아버지를 향한 그리움이 클수록 이별의 상처는 지울 수 없는 흔적으로 남았다. 젊어서는 어린 자식 셋을 키우기 바빠 할아버지를 그리워할 새도 없었다. 농부와 해녀로 살아간다는 것은 여자이기를 포기할 정도의 말로 다 할 수 없는 힘든 노동이었다.

야고는 바람에 흔들리지 않는다. 남편 없이 혼자 살아야 하는 척박한 현실은 제주 여인의 마음을 더 올곧게 만들었다. 세찬 바람에 맞서 새끼를 지키기 위해 물러서지 않는 몸집 작은 거미처럼 어떻게든 살아야 한다는 생각으로 자식을 지켰다. 혹한의 날씨에도 얼어 죽지 않는 억새와 더불어 인고의 세월을 견디며 해마다 꽃을 피웠다. 야고는 제주의 아픈 역사 속에 지워지지 않는 존재의 흔적이다.

붉은 울음을 울던 억새꽃이 그리움의 시간을 견디지 못하고 하얗게 바래간다. 억새에 기대어 살아가는 야고처럼 할머니도 지친 등을 기댈 언덕이 필요했을 것이다. 치열하게 요동치는 시대를 살아야 했던 할머니의 삶이 억새꽃처럼 새었다. 조여 맨 하얀 머리를 풀어 헤치고 바람에 몸을 맡긴다. 억새의 꽃씨가 바람을 타고 자유롭게 날아간다. 끝날 것 같지 않던 우리의 인생도 억새와 야고의 삶처럼 자연의 한 조각일 뿐.

 쉴 새 없이 불어대던 바람이 잠시 숨을 고르는지 사위가 조용하다. 낭창거리던 거미줄도 쉬어 갈 시간이다. 억새 밑둥지에 숨어 우는 야고를 눈에 담으며 하나의 풍경에서 빠져나왔다.

고향 집 밤나무

　가을하늘이 금방 쏟아져 내릴 듯 청명하다. 나무들은 저마다 노랗고 빨갛게 물들며 가을 속으로 들어간다. 마당 귀퉁이 감나무에 수줍게 매달려 있는 홍시를 까치들이 날아와 쪼아먹고는 저 멀리 사라진다. 텅 빈 감나무를 보며 혼자 외롭게 고향 집을 지켰을 밤나무를 떠올린다. 어릴 적 밤나무에 올라 휘청거리던 추억이 한 폭의 그림처럼 지나간다.
　어린 시절 고향 집 마당에는 하늘을 가득 덮을 정도로

몸집이 큰 밤나무가 있었다. 놀잇거리가 귀하던 시절이라 밤나무는 동네 아이들의 놀이터였다. 새들이 찾아와 노래하고 아이들 웃음소리가 가지마다 걸렸다. 커다란 나무 밑에 서서 잎 사이로 바라본 하늘은 시간이 지나도 지워지지 않는 마음속 풍경이다. 우울한 날은 혼자 나무에 올라 바람이 속삭이는 소리를 들었다. 바람은 가난한 어린 소녀의 허기진 배를 가만히 쓰다듬어 주었다. 발길에 차이고 가지가 부러져도 다시 새순을 만들어내는 밤나무는 어려운 살림을 묵묵히 일구어내는 어머니의 넉넉한 품 같았다.

해마다 초여름이면 밤꽃이 피었다. 꽃은 저 혼자 물들며 열매를 잉태했다. 비에 젖고 바람에 마르며 튼실한 열매를 품었다. 알맹이를 보호하기 위해 온몸에 가시를 세운다. 가시가 돋아난 몸이 흉하고 성가실 법도 한데 외모 따위에는 신경 쓰지 않았다. 햇볕에 그을리고 매서운 바람에 속살이 터져도 그저 새끼들이 무탈하기만 바랐다.

아무리 가시를 세워도 시련은 찾아왔다. 바람이 정신

없이 부는 날이면 모질게 매달렸던 열매가 툭툭 떨어진다. 바람과 맞서 싸워보지만 떨어지는 열매를 다 안을 수는 없었다. 나무는 도사리 열매를 땅으로 돌려보내며 눈물을 삼켰다. 무르익어 스스로 벌어지기를 고대했건만, 홍역을 앓던 어린 아들 둘은 가시를 제대로 세워보지도 못하고 어머니 품을 떠나고 말았다. 속울음을 삼키는 어머니의 눈물이 뿌리로 스며든다.

우리는 나무의 가지와 잎사귀만 볼 뿐 뿌리는 보지 못한다. 가지와 잎사귀를 키우려고 어두운 땅속을 파고드는 뿌리가 얼마나 힘든지를 모른다. 나무가 튼튼히 자리 잡기 위한 시련의 시간은 힘들게 살아온 어머니의 시간이다. 오롯이 혼자 견뎌 내야 하는 삶 속에 잎을 다 떨구어 내고 혹독한 겨울을 감내하며 다시 봄을 기다린다.

밤톨을 땅에 심으면 싹이 난 후에도 껍질은 오랫동안 썩지 않고 붙어 있다. 밤나무는 어디서 왔는지 자신이 태어난 뿌리를 잊지 말고 기억하라는 뜻에서 부모의 은덕을 잊지 않는 나무로 여긴다. 아무리 잎이 무성하고 열매가 튼실해도 뿌리가 없다면 나무는 살아갈 수 없다.

근본은 보이지 않는 곳에 늘 잠재되어 있다.

어머니 뱃속에서 떨어져 나와도 연결고리인 배꼽 자리는 선명히 남는다. 우리는 가끔 근본을 잊어버리고 산다. 어머니에게 받은 몸이 온전히 자기 것인 양 함부로 여긴다. 튼튼하게 뻗은 뿌리가 있어 열매로 달릴 수 있음을 간과한다. 어려운 환경에서도 열매를 놓지 않으려는 나무의 마음을 헤아리지 못한다. 나무껍질이 아무리 단단해 보여도 아픔을 느낀다. 수없이 가시에 찔리면서도 알을 토실하게 만들어내는 밤나무는 비가 와도 젖지 않는 강물처럼 끊임없이 흐른다.

갓 심은 나무가 뿌리를 잘 내리고 튼튼하게 자랄 수 있으려면 지지대가 필요하다. 어머니는 자식이 흔들리지 않게 지지대가 되어준다. 지지대는 묵묵히 제 할 일만 할 뿐 나무가 빨리 자라기를 바라지도 재촉하지도 않는다. 열매가 알차게 여물 수 있게 모든 것을 다 내어주지만, 정작 본인은 하루가 다르게 쭉정이처럼 말라갔다.

밤알이 알차게 여물어 다 떨어진 어느 날이다. 어머니의 마른기침 소리가 평소와 다르다. 한번 기침을 시작하면 여간해서 멈추지 않는다. 나무를 흔드는 바람 소리가 점점 거칠어진다. 달려 있던 잎들이 힘을 잃고 우수수 떨어진다. 나뭇잎이 떨어지는 만큼 기침도 잦아간다. 숨 가쁘게 달려온 어머니의 시간이 서서히 겨울로 접어들고 있다.

어머니를 모시고 병원을 찾았다. 고개를 갸웃거리는 의사의 표정이 어둡다. 조용히 겨울을 준비하라고 한다. 거친 비바람도 이겨내며 모질게 살아온 삶이 푸른빛을 잃어간다. 이제 내가 어머니의 지지대가 되어줄 시간이지만, 깜빡거리는 푸른 신호등은 오래 기다려주지 않았다. 산소마스크 사이로 헐떡이던 숨이 곧 빨간 신호로 바뀌려 한다. '삐―이' 소리와 함께 멈춰버린 시간이 가보지 않은 또 다른 세상을 향해 천천히 걸어 들어간다.

초등학교 4학년이 되던 해에 이사 가면서 유년을 보낸 밤나무와 이별했다. 살면서 고향 집 밤나무가 늘 궁금했지만 가보지 못했다. 가끔 밤나무가 있는 고향 집 꿈을 꾸었다. 꿈에서는 우람하게 마당을 차지한 나무가 여전히 자리를 지키고 있었다. 무성한 가지마다 매미가 울고 새들과 곤충이 쉴새 없이 들락거리지만, 어딘가 모르게 텅 비어 있는 느낌에 잠을 깨곤 했다. 어머니의 넓은 품이 생각나면 밤나무도 그리웠다. 몇십 년이 흐른 지금, 시간을 내어 유년의 놀이터였던 고향 집 밤나무를 찾아갔다.

고향 집은 많이 변해 있었다. 초가집이 있던 자리는 오 간데없고 낯선 건물이 자리했다. 돌담으로 이어진 올레도 사라지고 없다. 담장 너머를 아무리 두리번거려도 그 옛날 푸르름을 자랑하며 우람했던 밤나무가 보이지 않는다. 혹시? 키는 크지만 마를대로 말라 형체만 겨우 남아 있는 나무가 눈에 들어온다. 아무리 눈을 비비고 봐도 어린 시절 마음속에 새겨둔 밤나무라고 보기엔 믿기지 않는다.

오랜 시간 바람만 드나들었을 나무가 허허롭다. 짓궂은 아이들의 웃음소리도 새들의 재잘거림도 사라지고 없다. 서글픈 한숨이 새어 나왔다. 나무도 세월을 비껴갈 수는 없었나 보다. 어머니의 세월만큼이나 힘겹게 버텼을 나무를 생각하니 가슴 한 곳이 먹먹하다. 젖가슴다 내어주고 말라버린 모습을 보니 어머니가 그 자리에 서 있는 것 같다. 주렁주렁 달린 열매를 키워내느라 힘들었을 밤나무다. 나무 뒤에 숨어서 홀로 흐느꼈을 어머니의 눈물도 다 말라버렸다.

너무나 변해버린 모습이지만 베어지지 않고 그 자리에 있어 준 밤나무가 내심 고맙다. 쓸쓸하게 다가올 노년의 내 모습이 아닌가. 설익은 밤송이는 날카로운 가시를 세우며 아무 때나 속을 내어주지 않는다. 가을 햇살에 무르익으며 찬바람이 불 때 스스로 떨구어 넉넉히 돌려준다. 인생의 가을이 왔지만 내어주지 못하고 아직도 가시를 내세우며 살고 있지는 않은지…. 무르익는다는 건 참고 견디어 내는 시간이다. 그리고 때를 기다릴 줄 아는 것이다.

만지면 부서질 듯이 말라버린 밤나무에 잎을 다 떨구어 낸 담쟁이덩굴이 칭칭 감겨 있다. 빈 몸이라 더는 내어 줄 것이 없어 보여도 담쟁이의 지지대가 되어준다. 고향 집 늙은 밤나무는 밑둥지를 타고 오르는 담쟁이와 함께 푸른 잎이 무성히 돋아날 봄을 묵묵히 기다리고 있었다.

고사리순

　새벽을 감싸던 는개가 안개비로 내리는 아침이다. 차를 몰고 중산간 마을을 지나간다. 숲 사이로 보이는 조팝나무 꽃줄기가 살며시 손을 흔든다. 달리던 차를 갓길에 잠시 멈추었다. 비를 머금은 고사리가 빼꼼히 고개를 내민다. 어린순을 감싸고 있는 솜털에 안개가 내려앉아 꽃이 핀 것처럼 이쁘다. 숲에서 고사리를 꺾는 아주머니가 눈에 들어온다. 오래전 어머니의 모습 같다. 그러고 보니 지금이 고사리 장마다.

고사리 장마가 시작되면 어머니는 포대를 챙기고 고사리 꺾으러 갔다. 차가 없던 시절이라 먼 길을 종일 걸어 다닌다. 가시가 있는 덤불 속에는 오동통하고 먹음직스러운 고사리가 많이 있다. 어머니는 가시에 팔이 긁혀 피가 나면서도 고사리꺾기를 포기하지 않았다. 벌이가 없던 시절 고사리는 아이들의 배를 곯지 않게 돈을 벌 수 있는 수단이었다.

고사리를 한 짐 꺾은 어머니는 어둑어둑할 무렵에야 집으로 돌아왔다. 산과 들판을 헤매었으니 다리가 아프고, 고사리를 꺾을 때마다 허리를 굽혔으니 허리가 아프고, 먹을거리가 변변치 못하니 배가 고팠을 것이다. 하지만 지친 몸을 살필 새도 없이 아궁이에 불을 지폈다. 어렵게 채취한 고사리를 그대로 두면 상품이 안 된다며 곧바로 삶았다.

장작불을 붙이기 위해 작은 솔가지들을 먼저 태웠다. 그 위로 장작을 하나씩 집어넣는다. 장작은 너무 가까이 두어서도 안 되고 너무 떨어져 있어도 잘 붙지 않는다. 적당한 간격을 유지하며 솔가지에 붙은 불이 장작에 옮겨붙기를 기다려야 한다. 어머니가 잠시 자리를 비운 사이 나는 물이 빨리 끓어오르길 바라며 아궁이에 장작을 많이 집어넣었다. 잘 붙던 장작불이 점차 사그라들며 검은 연기만 가득 차오른다.

자리로 돌아온 어머니는 아궁이에 들어있는 장작을 몇 개 빼내고 틈틈이 불쏘시개로 뒤집어 주었다. 사그라들던 장작불이 다시 활활 타오른다. 어머니는 모든 일에 욕심을 낸다고 다 이루어지는 것이 아니라며, 고사리도 한번 굽힐 때 하나밖에 꺾을 수 없다고 한다. 허리를 굽혀서 찬찬히 봐야 눈에 들어오는 고사리는 겸손한 마음을 가져야만 꺾을 수 있다고 힘주어 말한다.

가마솥을 뜨겁게 달구는 장작불은 어머니의 고단한 하루를 타닥거리는 불꽃으로 날려 보냈다. 장작은 아낌없이 자신을 태우며 화려한 불꽃을 만든다. 몸이 까맣게 타들어도 아프다거나 뜨겁다고 외면하지 않는다. 물이 팔팔 끓어 고사리가 푹 삶아질 때까지 최선을 다한다. 하지만 마른 장작이라고 눈물이 없는 건 아니다.

햇볕에 잘 마른 장작은 거침없이 불꽃을 내며 활활 타

오르지만, 해가 들지 않는 곳에 오래 두어 눅눅해지면 잘 붙지 않아 매운 연기가 난다. 욕심을 내려놓고 살아도 늘 궁핍한 살림으로 어머니의 눈물샘은 마를 날이 없었다. 아궁이 앞에 앉은 어머니의 고단한 하루는 어떤 장작이었을까.

타오르는 장작의 열기를 이기지 못하고 씩씩거리며 내뿜던 수증기가 고사리가 익었음을 알린다. 어머니는 고사리를 소쿠리에 건져 올려 물기를 뺀다. 세상 물정 모르고 머리를 꼿꼿이 세우던 고사리가 한순간에 풀이 죽었다. 누군가에 의해 꺾이지 않았더라면 산과 들을 평정하며 푸르게 피어났을 것이다.

열여덟 살에 결혼한 어머니의 삶도 피어보지 못하고 꺾여버린 고사리 같았다. 삼대독자 집에 시집가서 신혼의 재미도 모른 채 혼인하자마자 4·3사건으로 남편을 잃었다. 진흙 속에서의 삶이 시작되었다. 아무리 박차고 나오려 애써도 몸은 점점 늪으로 빠져들었다. 하지만 진흙에서 연꽃이 피어나듯 어머니의 어둡고 무거운 현실에도 작은 씨앗 하나가 자리를 잡았다. 모래가 속살을 파고드는 아픔을 이겨내고 영롱한 진주를 잉태하는 조개처럼, 슬픔을 삼키며 악착같이 살아서 낳은 아이가 아들이었다.

어머니는 홀몸으로 아이를 키우기 위해서 타인의 손이 잘 닿지 않고 눈에 띄지 않는 가시덤불 속으로 숨어들었다. 가시덤불 속의 고사리가 예쁘고 튼실하듯 열여덟 살 어머니도 참으로 고왔을 것이다. 젊은 나이에 유복자 아들을 데리고 남편 없이 살아내야 하는 생활이 오죽했을까. 어떻게든 견디어 활짝 피어나길 숨죽여 기다렸다.

활짝 핀 고사리는 잘 꺾이지 않는다. 질기게 뿌리를 내려 땅속으로 영역을 넓힌다. 하지만 이슬을 머금은 고사리순의 작은 소망은 오래가지 않았다. 의지가지없이 다시 한번 '툭' 꺾이고 말았다. 피어보지 못하고 솥단지 안에서 푹푹 익어가는 저 여린 고사리가 자신의 처지 같았다. 어머니의 삶도 활짝 핀 고사리였으면 얼마나 좋았을까.

삶아서 물컹물컹해진 고사리는 모든 걸 포기하고 싶었지만 팔딱이는 작은 생명을 놓을 수는 없었다. 어린 유복자를 데리고 새로운 가정을 꾸렸다. 늘어난 식솔들을 보며 어떻게든 살아야 한다는 생각으로 하루하루를 견뎌냈다. 삶은 고사리를 햇볕에 널어 말리며 해가 들지 않는 어두운 마음도 골고루 마르길 바랐다. 비록 뿌리를 깊게 내리지 못해 위태롭지만, 힘없는 가지에 주렁주렁 매달린 어린 자식들을 지키기 위해 하루도 쉬는 날이 없었다.

어머니가 고사리를 꺾어 오는 날이면 잘 볶아진 고사리 반찬이 밥상에 올라왔다. 힘들게 채취한 고사리지만, 가족들이 먹을 반찬을 만들기 위해 재를 섞은 물에 담갔다. 하루쯤 푹 담가 남아있는 독을 없앤다. 독이 빠진 고사리는 프라이팬에 들기름을 두르고 살살 볶는다. 고소한 냄새가 허기진 배를 더욱 자극한다. 갓 지은 밥을 한 숟가락 듬뿍 떠서 볶은 고사리를 얹어 먹으면 세상 부러울 게 없었다. 무어라 형언할 수 없는 맛이 입안에 감돈다. 걸음걸음마다 허리 숙였을 정성이 고스란히 느껴진다. 어떤 그릇에도 다 담아낼 수 없는 어머니의 마음은 꺾어도 다시 돋아나는 고사리순 같다.

어머니의 요리는 고급스럽지도 화려하지도 않다. 소박하고 수수하면서도 잊히지 않는 추억으로 기억되게 하는 힘이 있다. 돌아가신 지 오래지만 고사리 볶음만 보면 어머니가 옆에 있는 듯하다. 어린 시절 먹었던 그 맛이 고스란히 되살아난다. 먹고 나면 없어져 버리는 음식이 아니라 시간이 갈수록 그때의 감정이 샘솟는다. 먹으면 마냥 행복해지고 가슴에 묻어둔 누군가가 떠오르는 음식을 누구나 한두 개쯤은 갖고 있을 것이다. 사는 동안 단 한 번이라도 맛볼 수 있다면, 그래도 아직은 행복한 사람이다.

안개 속에서 고사리를 꺾던 아주머니가 시야에서 점점 멀어진다. 잠시 멈추었던 차에 시동을 걸었다. 어머니와 함께했던 시간은 사라지고 없지만, 고사리는 여전히 그 자리에 돋아난다. 당신을 보내고 살아갈 수 있을까 고민하던 시간에도 고사리는 끊임없이 제 할 일을 하고 있었다. 멈추지 않고 험하고 먼 길을 걸어가던 어머니의 시간이 고사리순으로 다시 피어난다.

진해자
대한문학(2008년), 수필과 비평(2017년) 수필 등단
수필집《기다리는 등대》
「포항 스틸」에세이 공모전 금상(2019년)
제주어문학상, 등대문학상 수상(2021년)

2024년 제6회
| 베스트에세이 10選 |

다림줄 외 2편

최 운 숙
ws1568@naver.com

전원주택 공사 현장이다.

나무받침대 위에 붉은 고벽돌이 다닥다닥 붙어있다. 먹다 남은 물병이 제멋대로 흩어지고, 드럼통을 반으로 자른 파란색 통에 사모래가 한 몸처럼 엉겼다. 시멘트 자루가 커다란 입을 연체로 눕고, 굵은 나무토막 서너 개가 아무렇게나 팽개쳐졌다. 페인트를 군데군데 묻힌 사다리 두 개가 등을 내린다.

머리가 희끗희끗한 남자가 왼손에 들린 고데에서 포

슬포슬한 모래 밥을 펴 돌 사이에 바른다. 귀에 볼펜을 꽂은 남자는 바닥에 앉아 벽돌을 절단한다. 땀과 먼지로 범벅인 얼굴 위로 돌 가르는 요란한 소리가 다닥다닥 붙는다.

 벽돌 사이로 줄이 내렸다. 출입문과 계단을 지나 통창에도 걸렸다. 벽체가 수직의 기준을 잡고, 바닥은 평면과 직각을 이루며, 허공은 다림추가 잡는다. 각각의 위치를 표시한 노란색 실은 오와 열의 균형을 맞춘다. 조적기술사는 돌을 한 줄씩 쌓을 때마다 수평실을 올린다. 이 실은 건축의 균형을 지나 지구의 중심과 일치하며, 무너지지 않는 건물의 기준이 된다.

 신혼 재미에 푹 빠져있을 때다. 현관문을 열고 들어서니 거실에 짐이 잔뜩 쌓여있었다. 잘 못 들어왔나 싶을 때, 시어머님이 나오셨다. 큰댁에 계셔야 할 분이 어떻게 짐까지 싸서 오셨는지, 머릿속이 복잡했다. 결혼 일 년을 한 달처럼 즐기던 나는, 시어머님의 느닷없는 행동에 남편과 나 사이의 줄이 흔들리며 균형이 무너졌다.

 손윗동서와 마음이 맞지 않아 막내아들과 살고 싶다

는 시어머님의 부탁을 남편은 거절하지 못했다. 그렇다고 내게 어머님을 모시고 사는 것이 어떻겠냐는 상의도 없었다. 그도 설득할 기회를 엿보고 있었으리라 생각했지만, 느닷없는 이 상황은 놀라움을 넘어 배신감이 느껴졌다. 하소연할 사람도, 마음 터놓고 상의할 사람도 떠오르지 않았다. 가족의 반대를 무릅쓰고 도망하듯 살림을 꾸린 상황에서 엄마에게 하소연할 수는 없었다. 그것은 내 선택이 잘못되었음을 인정하는 것이었다.

소주 한 병을 벌컥벌컥 마셨다. 심장이 쿵쿵거리며 발길질했다. 온몸에 두드러기가 일면서 호흡이 빨라졌다. 다시 한 병을 깠다. 거푸거푸 들이켰다. 힘이 생기며 무서운 것이 없었다. 술병을 빼앗는 그의 팔을 뿌리치며 헤어지자고 소리쳤다. 뜨겁게 달아오른 몸속으로 배신감이 끓어올랐다.

결혼을 반대한 엄마의 속뜻을 알 길 없는 나는, 서운함과 원망으로 입을 앙다물었다. 보란 듯이 잘 살겠다고 다짐했다. 그 오기는 온데간데없고, 기준점을 놓쳐버린 현장에서 균형을 잃고 비틀댔다. 그에게 소식을 받은 엄마는, 당신도 사돈과 같은 처지가 될 수 있다며 시어머님을 모시고 살라 하셨다. 그 말은 내가 감당하기에 너무 무서운 말이었다. 막막함이 왈칵 쏟아졌다.

 가족이라는 이름의 집을 짓기 시작했다. 설계도도 없이 초보 주부가 짓는 집은 엉성했다. 벽돌 하나가 들어갈 곳이 반쪽인지, 반의반인지, 뉘어야 할지, 세워야 할지 알지 못했다. 어설프게 올린 내 벽돌에 비해 어머님의 벽돌은 단단했다. 어떤 때는 단단한 것이 벽으로 느껴졌다. 부딪치며 깨어지고 상처를 드러내며 조금씩 가까워졌다. 어머님과 함께한 삼십여 년은 초보 주부를 시어머니 나이에 올려놓았다. 당신은 먼 곳을 바라보며 인공호흡기에 의지한다. 나는 시어머님의 수의를 매만지며, 새 식구를 맞을 준비를 한다.

 만약, 엄마로부터 엄마도 '같은 처지가 될 수 있다'는 말을 듣지 못했다면 나는 시어머님과 살 수 없다며 바둥거리다 가족을 놓아버렸을지도 모른다. 천방지축으로 자란 내가 어른을 모신다는 것은 불가능이라 생각했다. 엄마는 부모를 잘 섬기는 그릇은 되지 못하더라도 자식의

도리를 다하라고 처지 운운하며 협박 아닌 협박을 하신 게다. 그 말은 평생 나를 따라다니는 기준선이 되었다.

우리는 줄타기하는 곡예사처럼 흔들리며 산다. 한쪽으로 기울지 않도록 장대를 좌우로 움직이며 중심 잡는다. 시선을 발아래 두지 않고 멀리 줄 끝에 두고, 몸이 쏠리는 반대 방향으로 장대를 움직이며 마침내 중심을 잡는다. 흔들려 본 사람이 중심을 잡을 줄 알고, 휘어져 본 사람이 이내 곧을 줄 안다. 그러니 중심은 흔들리며 잡는 것, 무너지며 많은 연습으로 이루어진다.

나는 가족이라는 공간에서 중심에 서기 위한 꿈을 꾸고, 세계를 향해 팔을 뻗는다. 가족은 보이지 않는 줄로 끊임없이 서로를 잡아당기며 끌어안는다. 원의 중심은 우주와 맞닿고, 가족은 삶의 기준을 세운다. 나의 중심을 잡게 하는 가치는 가족이다.

조적기술사가 레벨기로 줄을 놓는다. 화장실과 싱크대, 벽난로를 잇고, 방과 방을 지나 바닥과 천장을 잇는다. 수직으로 쏘아 올린 푸른 선을 향해 수평계가 바짝 따라붙는다. 다림추가 지구 중심을 향해 묵직하게 줄을 당긴다.

가시

 김치 송송 썰어 새우젓으로 간을 맞춘 콩나물국과 찐 후 살짝 구운 굴비가 노릇노릇한 빛깔로 입맛을 불러낸다. 아침상을 앞에 둔 그가 눈을 슴벅슴벅한다.
 우리 부부는 직장 일로 떨어져 한 달에 두어 번 만난다. 그가 집에 오는 날이면 생선을 준비한다. 아침은 구이를 준비하고, 저녁은 생선찜을 한다. 요즘처럼 더운 날에는 보리굴비를 쪄 내놓으면 소식小食하는 그도 밥 한 공기를 뚝딱 해치운다.

우리는 비릿한 생선을 좋아한다. 내가 생선을 좋아한 것은 바다를 옆에 두고 있었기 때문이지만, 그는 바다와 먼 내륙에서 내 입맛을 향해 걸어왔다. 상대를 위한 배려가 이젠 음식 취향으로 자리잡았다.

수저를 들지 못하는 그의 밥그릇에 아들이 생선 가시를 발라 올려준다. 갓 사회생활을 시작한 새내기인 본인처럼 가시를 발라낸 생선살이 뭉치지 않고 흩어져 있다. 누군가에게 가시를 발라준 적이 없는 어설픈 손길이 그대로 밥그릇에 담겼다.

아들도 다른 사람의 가시를 발라줘야 하는 길에 접어 들었다는 생각이 든다. 지금껏 아비가 생선 가시를 발라준 것처럼, 그도 누군가의 가시를 발라주고 다독여 줘야 한다는 것을.

그가 아들의 뜻밖의 행동에 놀란 표정을 짓자, "아빠, 조금이라도 드세요" 한다. 어제 마신 술기운이 남아있어 그의 눈언저리가 붉다. 밥그릇을 보며 "고맙다." 한다. 아들은 술을 조금만 드시라는 말 대신에 밥 한술 뜨라는 말로 대신한다. 부자의 대화를 듣는 내 가슴이 잠시 뭉

클하다.

언젠가 시어머님이 요양원에 가시기 전 그와 함께 한 모습과 겹쳤다. 그날 시어머니와 그는 식탁에 나란히 앉아 조곤조곤 이야기를 나무며 저녁 식사를 했다. 육십이 넘은 아들이 구순의 어머니께 아이를 타이르듯 했다. 그리곤 조심, 조심을 반찬처럼 놔주며 생선뼈를 발라 수저에 올려주었다. 어머니는 아들 앞에서 자신이 가르친 것들을 다시 배우듯 "나 잘하지, 잘하지?" 하셨다. 착한 아들이 그랬듯, 눈을 맞추고 숟가락을 내밀며 틀니를 가지런히 맞췄다. 생선살은 어머니 숟가락에 올리고 대가리는 자기 입 속에 넣었다. 그 모습을 물끄러미 보고 있던 나는 부러움을 넘어 샘나는 속 좁은 여자가 되었다.

시어머니와 함께한 삼십여 년은 짧게 좋았던 일도, 길게 서러웠던 일도 희미한 그림자로 넘어간다. 다감하게 늙어가는 저 모자母子는 내가 못 살아온 가시사史를 대신하는 듯하다.

친정엄마는 내가 섬을 떠날 때까지 생선 가시를 발라주었다. 박대. 가자미, 돔, 전어, 굴비, 그중에서도 내장

기름이 살 속으로 스며들어 녹진하고 짭조름한 굴비 맛은 최고였다. 늘 가시를 발라주던 엄마가 있어 물고기가 된 내 몸에는 가시가 없다고 생각했다. 쉬지 않고 찌르는 몸속 가시였지만, 물속에서는 따갑지 않았다.

가정을 이루고 아이를 키우고 나서야 사람들은 많은 가시를 갖고 산다는 것을 알았다. 말다툼과 오해, 화가 치미는 상황이나 갖가지 고통스러운 경험들로부터 수없이 찔려가며 산다는 것을 깨달았다. 우리가 모르는 사이 자라나는 가시가 있다는 것을.

얼마 전이었다. 금천동 차량 통행이 잦은 오거리를 지나게 되었다. 내가 진행하는 방향 오른쪽 귀퉁이에 널브러진 채 누워있는 남자가 눈에 들어왔다. 7월의 태양이 굵은 가시처럼 따갑게 그의 몸에 꽂혔다. 사람들은 흘깃흘깃 남자를 보며 멀찍이 지나갔다. 차를 세우고 구급대에 전화한 후 나는 잠시 생각에 잠겼다. 무엇이 저 남자를 이 뜨거운 길바닥에 드러눕게 했을까. 무엇이 저 남자의 몸에 꼼짝 못 하게 하는 가시를 박아놓았을까. 남자의 모습이 생명이 꺼져가는 한 마리 물고기와도 같았다.

눈감아야 보이는 가시가 있다. 내가 만들어놓고 찾을 수 없는 가시와 옆에 있어도 보지 못하는 가시가 있다. 아무리 발라내도 삶의 길목마다 걸리는 잔가시들은 목울대를 간질거리며 올라오는 비린내처럼 뱉을 수 없어 삼키며 살아야 하는 사람이 있다.

그가 수저를 들어 생선살을 떠서 콩나물국에 적셔 입안에 넣는다. 아들도 아버지를 따라 한다. 찻물을 그의 국그릇 옆에 두고 돌아서는데 가냘픈 그의 등이 눈에 들어온다. 가족을 위해 발라낸 가시가 순해진 저 뒤태에 새 발자국같이 찍혀있다. 그가 살아온 흔적이다.

일회용 장갑을 끼고 굴비 등쪽으로 손을 넣어 큰 **뼈**를 들어내고 잔가시를 발라내었다. 생선살이 단단한 가족처럼 뭉쳤다. 그가 어머니께 했던 것처럼 생선살을 올린 수저를 그에게 건넸다. 쫀득하고 비릿한 맛이 땀에 절은 그의 피로를 풀어주길 바라며.

도섭

공연장이다.

객석은 3층으로 나뉘고 무대는 1층 좌석보다 조금 위로 올렸다. 시작과 끝을 알리는 커튼은 젖혀지고, 양옆에 걸린 대형 스크린에서 사설이 줄을 탄다. 붉은 객석을 가득 채운 사람들의 얼굴 위로 흰색 조명등이 차르르 쏟아진다. 노란 저고리에 연분홍 치마를 입은 자그마한 여인이 열두 폭 병풍 앞에 섰다.

오른손에 들린 부채가 추근추근 기다리고, 왼쪽에는

고수가 북을 앞에 놓고 앉았다. 소리꾼이 중모리장단에 맞춰 단가를 부른 후 〈춘향가〉 중 '오리정 이별 대목'을 잇는다.

"옜소, 도련님. 약주 잡수! 금일송군 수진취니, 술이나 한잔 잡수시오."

"오냐. 춘향아. 술 먹으마. 합환주는 먹으려니와 이별 허자 주는 술은 내가 먹고살어 무엇 허리!"

끓어오르는 듯한 목청으로 힘차게 뽑아낸다. 소리는 남자의 목청처럼 힘차고 도도하다. 굴렸다, 깎았다, 멎었다, 풀었다 하는 소리를 타고 손에 쥔 합죽선이 몸을 접었다 폈다 이별가를 부추긴다. 고수는 합 장단으로 열어 차츰 긴장하다 서서히 풀어간다. 창자를 바라보며

"얼씨구!"

"좋다!"

"그렇지!"

하며 분위기를 고조시킨다. 장단이 '덩기덕 덕덕 쿵기덕 덕덕 쿵 덕 쿵기덕 덕덕' 진양조장단으로 바뀐다. 소리꾼의 소리는 천연스럽게 복받쳐 오르다 서릿발처럼 섬

뜩섬뜩 귀기가 넘친다. 컬컬하고 장중한 소리가 맑고 고운 계면조로 바뀌어 하염없이 유장하다. 창자가 소리의 꼬리를 길게 끌어가는가 싶더니 이내 박자를 놓아버린다. 박은 멀어지고 소리는 낙화처럼 애처롭게 내려앉는다. 소리꾼이 놓아버린 도섭을 따라 나는, 가파른 절벽을 넘고 느릿한 강물을 지나 사나운 폭풍 속에 갇힌다. 도섭은 판소리 붙임새 중 하나로 장단과 상관없이 박자를 놓아버리는 것을 말한다. 빠르게 노래하다 더 이상 긴박하고 빠른 느낌을 표현하기 힘들 때 오히려 박자를 놓아버려 감정을 격화시키거나 슬픔이 고조되는 장면에서 사용한다.

엄마의 박자는 중모리장단이었다. 종일 바쁘게 바다에 있어야 할 일도, 부쳐 먹을 땅도 많지 않아 간간이 들려오는 파도 소리로 살았다. 가끔 휘모리장단이 들썩이기도 했지만, 곧 잠잠해졌다. 아버지가 가져다주는 봉투로는 식솔의 욕구가 재워지지 않았다. 그렇다고 얇은 주머니에 대해 한숨을 쉬거나 속내를 보이지 않았다. 매일 첫물을 떠 놓고 비손하고, 가족들이 잠든 후 비손으로 닫았다.

 아버지는 마흔일곱에 서둘러 이별했다. 마을 사람들은 아직 곁에 체온이 있는 듯, 선소리로 만가를 부르며 흰 무명의 긴 베를 잡고 극락왕생을 기원했다. 아버지와의 약속이 있었던 걸까, 엄마는 중모리장단을 이어갔다. 뒤이어 오라버니가 쓰러져 천둥소리로 내려앉자, 당신은 천둥소리를 긴 차에 실어와 아버지 무덤 아래 뉘었다. 그 소리는 서울에서 섬에 이를 때까지 엄마의 숨을 죄였다. 천둥소리가 집으로 들어오지 못하도록 꾹꾹 눌러 봉분을 쌓고, 손바닥으로 가만가만 쓸어내렸다.

 오라버니를 아버지 땅에 눕히고 오던 날, 엄마는 부뚜막에 철퍼덕 앉아 양푼에 밥을 가득 퍼서 끌어안았다. 며칠 굶은 사람처럼 우걱우걱 입안에 쑤셔 넣었다. 놀란 사람들의 만류에도 소용없었다. 양푼이 바닥을 보이자, 그릇을 내동댕이치며 고래고래 소리를 질렀다.

 "야, 이년들아. 밥 내놔라, 배고파 죽겠다!"

 엄마는 그동안 못 먹었던 밥을 한꺼번에 먹어 치우기라도 하듯, 악다구니를 썼다. 어쩌면 그것은 당신보다 먼저 남편과 아들을 데려간 신에 대한 한탄이며, 한 생을 그림자로 살아온 상실감이 한꺼번에 쏟아져 극도의 허기를 가져왔을지도 모른다. 먹어도 먹어도 채워지지 않는 텅 빈 가슴의 허기를 비명으로 채웠다.

엄마는 이어오던 장단을 그렇게 놓아버렸다. 말을 놓아버리고 박자를 놓아버렸다. 꾹꾹 눌러놓은 가슴 저 밑바닥의 응어리가 허기를 따라 우르르 쏟아졌다. 해와 달의 한가운데인 정오의 그림자로 살면서 한 번도 그림자를 벗어나지 않았던 엄마는 두 개의 해가 떨어지자, 당신의 그림자를 내던졌다. 어떤 사람은 사는 것 자체가 한을 쌓는 일이고, 그 한은 먼지처럼 한평생 쌓인다고 했던가.

엄마는 왜 박자를 놓아버렸을까. 박자를 놓지 않으면 먼지처럼 사라지거나 어느 한 부분이 탈이 날지도 모를 일, 사람 몸속 구석에 강력한 방어력을 가진 무언가가 무의식을 깨워 박자를 놓아버리도록 했을 것이다. 신체의 방어기능이 스스로 작동하지 않으면 그 울화에 몸이 터져버릴 테니까.

살다 보면 박자를 놓고 살아야 할 때도 있다. 휘몰아치는 장단을 따라 몰아가다 보면 더는 박자를 따라갈 수 없게 된다. 마라톤과 같은 우리 삶도 마찬가지다. 빠르고 긴박한 질주만 하면 몸은 터져 녹아버린다. 박자를 놓는 것은 순항의 구간으로 다시 뛰기 위한 전략의 구간이다.

인생의 여러 가지 리듬 중 느림과 느슨은 심장이 진양조장단에 맞추는 것이다. 판소리 장단 중 가장 느린 장단인 진양조장단은 한가로운 일상을 선물한다. 나는 중중모리장단으로 산다. 긴박과 빠름 속에서 종종 맺는 박을 놓친다. 이런 내 하루를 이순의 몸은 삐거덕거리며 떠받친다.

소리꾼이 다시 가락을 잇는다. 장단을 딛지 않고 교묘하게 장단 사이를 빠져나간다. 소리와 장단이 서로 몸을 대지 않고 포옹한다. 거칠면서 부드럽고, 탁하면서 맑은 소리가 화르르 객석으로 파고든다.

최운숙
2018 《수필과비평》 등단
수필집 《춤사위》

심사평

| 심사평 |

2023년 제6회
《좋은수필》 베스트에세이10選 심사 경위 및 총평

  올해도 어김없이 6회째에 이르는 《좋은수필》 '베스트에세이10' 선정의 계절이 돌아왔다. 2023년 한 해 동안 월간 《좋은수필》에 발표된 신작수필을 대상으로 예심을 거쳐 본선에 오른 작품은 모두 42편이었다. 이에 심사위원들은 그동안 강조해 온 '공정함'을 키워드로 하여 진지하고도 냉철한 시선으로 베스트에세이를 선하기 위해 기꺼이 숙독의 시간을 보내었다.

  본심위원 5명은 심사표에 따라 각자 42편에 대한 점수를 세부적으로 나누어 매겼으며, 지난 1월 29일 본사 서울 사무실에서 전체 심사 결과를 취합한 최종 집계표를 공개하였다. 그 결과, 최다 득점을 기준으로 10편이 선정되었으며 흥미로운 일은 본심위원 5명 중 4명이 최우수작으로 〈포장마차를 타다〉를 선정했다는 사실이다.

심사는 무기명으로 된 42편에 대해 오직 작품에만 초점을 맞추는 방법으로 주제의 선명성과 내용의 참신성, 구성의 적절성과 문장의 적합성, 그리고 공감의 보편성에 토대를 두었다. 올해 예선 통과작들은 예년에 비해 작품 수준의 편차가 좀 컸다고 할 수 있다. 그러나 상위 작품들은 다양한 은유로써 삶을 재구성하였으며, 두터운 내적시선으로 자아와 타자를 응시하여 일정 수준의 문장력과 주제성을 지니고 있었다.

심사 당일 집계표 순위를 살펴보면서 심사자의 문학적 경향성과 수필관 등에 따라 선명한 평가 결과의 차이가 난 작품도 있었으며, 10위 권에서는 근소한 점수 차를 보인 작품들이 많았다. 그러나 심사자 개개인의 안목을 존중하여 집계표 순위대로 최종결정하는 것에 대해서는 이견이 없었다.

선정과정에서 거론된 심사기준을 좀 더 세부적으로 설명하자면 다음과 같다. '탄탄한 주제를 포착하고 유기적인 문맥을 놓치지 않고 있는가, 집중력 있는 구성과 소재에 대한 심층적인 해석이 덧붙여졌는가, 탈일상적인 체험으로 인하여 내가 어떻게 달라졌는지를 구현해 내었는가, 익숙함과 낯섦이 적절히 조화되었는가, 사소한 소재일지라도 삶을 천착하는 의미가 깔려졌는가, 서사를 구조화하고 미적 문장으로 엮어내었는가, 현실을 꿰뚫어보는 깊은 안목과 신선한 감각으로 글맛을 살려내었는가, 문장에 군더더기가 적고 구성의 유기성이 안정되었는가, 얼마나 새로운 시각으로 대상을 관조했는가' 등을 살폈다.

그중 무엇보다 참신한 발상과 진취적인 내용에 보다 높은 점수를 주었다. 신선한 개성을 지닌 흡인력 있는 작품들은 한국수필의 지평을 넓힐 수 있으리라 확신하기 때문이다. 상대적으로 신변사와 과거사에 갇혀버린 내용이나, 추상적이고 관념적인 언어로 문장을 덧칠하거나 화려한 수식어가 중첩된 작품, 평이한 감정에 머물거나 진부한 표현은 점수가 낮았다.

그런 의미에서 '베스트에세이10' 최우수작인 〈포장마차를 타다〉를 살펴보면 '포장마차'를 '마차'로 병치하여 소시민들의 갈등과 고통을 탐구한 구성력이 탁월했다. 특히 현대 수필가들이 개인 서사화나 내면의식에 주력하고 사회 공동체 문제에 관심을 쏟는 일에는 인색했던 것을 비추어볼 때, 이 작품은 성실하게 살지만 가난에서 벗어나지 못하는 소시민의 고뇌와 분투를 마주하고 있다. 그뿐만 아니라 해학과 풍자를 곁들여 "포장마차엔 말馬이 없다."라는 명제를 능청스레 던져놓고, 포장마차를 한 마리의 말馬로, 바퀴는 의족으로, 천막 꽁무니는 꼬리로, 지붕의 모서리는 말의 귀로 이미지화시켜 버린다. 단연 주인장은 칼이라는 채찍을 든 "마부"가 되고 손님들은 휘장을 들추고 "승차"하며 퇴근길엔 "만차"를 이룬다. 손님들은 노동자와 말단 샐러리맨과 해고 통보를 받은 가장 등으로 두꺼운 벽이 가르는 내부의 세상에 감히 진입하기 어려운 이들이지만, 이곳 포장마차에 오르면 속도를 잊고 목적지를 잊고 빈 소주병을 마차 바퀴 대신 굴리며 마음껏 시공을 질주하게 되는 희망을 품는다. 소외되고 상처받은 자들과 현존하는 세계와의 관계를 미학적으로 풀어낸 작가의 통찰에 높은 점수를 주었다.

아울러 〈그 골목의 필경사들〉은 비록 '골목'이라는 흔한 소재이고 기시감은 있지만, 골목 사람들을 '필경사'라는 은유로써 새롭게 성찰한 점이 눈길을 잡았다. 골목을 지키고 있는 소시민들의 하루하루 똑같은 일상, 똑같은 풍경을 마치 원고지에 철필로 글을 베껴 쓰는 필경사로 치환시키면서 삶을 완성하는 것은 "작고 이름 없는 것들"이라는 주제 의식과 긴밀하게 연결되는 서사의 힘에 신뢰의 무게가 실렸다.

독특한 어조로 산골생활을 풀어낸 〈환상 호흡〉은 유려한 문장과 뛰어난 묘사력과 어휘의 선택에서 그간의 문학적 수련을 짐작하게 하였다. 다행히 지나친 수사가 글의 본질을 흐려놓을 수 있다는 단점을 이겨내고 "한재 내외"와 "제우 내외"의 소박한 삶과 인간에 대한 따뜻한 신뢰, 그리고 생에 대한 인식을 진정성 있게 그려내었다는 점이 돋보였다. 그 외 '베스트에세이10' 선에 든 작가들의 성실한 분투와 뛰어난 통찰에도 박수를 보내며 〈선의 굴레〉, 〈애추〉 등이 근소한 차이로 선정되지 못한 점에는 아쉬움이 남는다.

문학만큼 사람을 감동시킬 수 있는 것은 드물다. 그럼에도 불구하고 옛 신라 사람들이 향가를 즐기면서 그들은 향가나 음악이 능히 "천지귀신天地鬼神도 감동시킬 수 있다고 믿었다."는 말을 염두에 두면서 오늘날 수필작가들도 이러한 정신을 새긴다면 2024년에는 더욱 좋은 작품들이 쏟아져 나오리라고 믿는다.

심사위원회: 엄현옥, 유인실, 노혜숙, 조성현, 김정화(글)

2024.
베스트에세이 10 수상작가 작품집

인 쇄 일 2024년 2월 14일
발 행 일 2024년 2월 17일

회　　장 서정환
발 행 인 서영훈
주　　간 강호형
편 집 장 정미송

발 행 처 좋은수필사·수필과비평사
03132 서울시 종로구 삼일대로 32길 36(익선동 30-6)
운현신화타워 305호. 전화 02-3675-5635
E-mail : bestessay@hanmail.net
인쇄·제본 신아(munye888@naver.com)
출판등록 제300-2013-133호

Copyright ⓒ 2024 By The Best Essay.
All right reserved.
좋은수필은 한국간행물윤리위원회의 윤리강령과 실천요강을 준수합니다.
좋은수필의 글·그림·사진·편집 체제는 대한민국 저작권법의 보호를 받으므로 무단 전재와 복제 및 재가공을 금합니다.

값 13,000원

ISBN 979-11-5933-451-1 (03810)

Printed in KOREA